文化破局

The Culture Puzzle

解锁组织成功的
四股力量

[美] 马里奥·穆萨
Mario Moussa

[美] 德里克·纽贝里 --- 著
Derek Newberry

[美] 格雷格·厄本
Greg Urban

任蓓蓓------------ 译

中国科学技术出版社
·北 京·

Copyright © 2021 by Mario Moussa, Derek Newberry and Greg Urban
Copyright licensed by Berrett-Koehler Publishers
arranged with Andrew Nurnberg Associates International Limited

北京市版权局著作权合同登记 图字：01-2024-0571。

图书在版编目（CIP）数据

文化破局：解锁组织成功的四股力量 /（美）马里奥·穆萨（Mario Moussa），（美）德里克·纽贝里（Derek Newberry），（美）格雷格·厄本（Greg Urban）著；任蓓蓓译 . -- 北京：中国科学技术出版社，2024.9. -- ISBN 978-7-5236-0847-0

Ⅰ . F272-05

中国国家版本馆 CIP 数据核字第 2024FW9085 号

策划编辑	李　卫	执行编辑	何　涛
责任编辑	刘　畅	版式设计	蚂蚁设计
封面设计	东合社	责任印制	李晓霖
责任校对	吕传新		

出　　版	中国科学技术出版社
发　　行	中国科学技术出版社有限公司
地　　址	北京市海淀区中关村南大街 16 号
邮　　编	100081
发行电话	010-62173865
传　　真	010-62173081
网　　址	http://www.cspbooks.com.cn

开　　本	880mm×1230mm　1/32
字　　数	150 千字
印　　张	7
版　　次	2024 年 9 月第 1 版
印　　次	2024 年 9 月第 1 次印刷
印　　刷	大厂回族自治县彩虹印刷有限公司
书　　号	ISBN 978-7-5236-0847-0/F·1280
定　　价	69.00 元

（凡购买本社图书，如有缺页、倒页、脱页者，本社销售中心负责调换）

马里奥·穆萨
Mario Moussa

献给罗宾·科米塔（Robin Komita），一如既往。

德里克·纽贝里
Derek Newberry

献给卡罗琳（Carolyn），居住在同一个社区，同我一样，痴迷于园艺。

格雷格·厄本
Greg Urban

献给我的小家庭——让我有了归属感。

前　言
付出与回报的艺术

1975年夏天的一个早上，烟雨蒙蒙，闷热难耐。一位叫格雷格·厄本（Greg Urban）的年轻人类学家，来到巴西的一个农村，坐在一个地板布满灰尘的小木屋里。对面蹲着一位名为"百晓生"（Knowing One）的长者。在巴西政府与百晓生的村庄建立友好关系之前，格雷格早已成年。他在丛林中长途跋涉，尽可能地了解有关百晓生村庄的独特文化。

通过询问狩猎采集者时期形成的习俗与信仰，格雷格开始了他的访谈。令他震惊的是，在这个与世隔绝的村庄，竟然处处可见这样一种精神：人们互助互爱、互谅互让。无论是老人，还是村庄里的任何一名成员，都视矜贫救厄为生命之至善。邪恶自私的女巫总是巧妙地伪装成普通人，掠夺他人，受害者便只能自认倒霉。而矜贫救厄的风土人情有效防止了这类事情的发生。

当格雷格开始问另外一个问题时，百晓生手指着房梁打断了他。那里放着一双崭新的阿迪达斯球鞋，这是格雷格特意藏起来的，只在特殊场合穿。百晓生说格雷格有两双球鞋，格雷格点点头。而后，这位可敬的长者顿了顿，道："我一双也没有。"

格雷格意识到，百晓生刚刚发出了一个很有礼貌的请求，而这个请求足以让村庄里任何一位成员引以为荣。"我不确定这双鞋是否合你的脚。"格雷格回复道。

"嗯，让我试一下吧。"老人提议道。

格雷格取来了那双鞋，老人一试，完全合脚。那一刻，格雷格便知道，此事大有可为，虽然放弃了自己的心爱之物，但它却能换来一些更有价值的东西：一段可以维持很久的友好关系。暮去朝来，百晓生帮助格雷格完成了他的研究。他不仅将格雷格介绍给了村庄的其他人，并且向他解释了村庄里的各种习俗，这一切，对一个在伊利诺伊州的新伦诺克斯（New Lenox, Illinois）（拥有1000人）长大的社会科学家而言，闻所未闻。受益的不仅是格雷格，还有整个村庄，由于他的研究引起了政府官员的注意，政府为村庄提供了亟须的医疗资源和其他支持。

这次际遇给格雷格上了一堂真正的文化课。正如他所言："一切皆因付出与回报。"这种独特的人际交流打开了充满需求、意义以及渴望的世界大门。

格雷格回到了美国，担任商业顾问。多年以后，当他发现最精明能干的经理运营团队的模式与人类学家在亚马孙丛林进行实地考察的方式相差无几时，他对这一堂文化课更是赞叹不已。他们抓住一切能表达深层动机的蛛丝马迹，虽然文化不同，表达方式各异，但人们都渴望融入集体，渴望得到认可，增加努力工作的驱动力。若你不知如何将这些重要的社交及情

前 言
付出与回报的艺术

感需求与团队运营联系起来,你将永远无法解开文化之谜。

无论你是想实施一项大胆而全新的战略,使你的业务更灵活更富有创意,还是想完成一项重大的收购,文化都将决定你的成败。但是文化,像最棘手的脑筋急转弯,常常令人迷惑不解。只需问问优步(Uber)、巴克莱(Barclays)、富国银行(WELLS FARGO)以及其他任何组织的前任首席执行官就知道,这些价值数十亿美元的企业,在其运营过程,正是因为公司文化出现紊乱,才屡屡举步维艰。很多公司高管层,因忽视文化的作用,导致其经营每况愈下,甚至一败涂地。

即使最聪明的领导,也难逃文化问题的困扰。大多时候,他们认为文化要么可以自暇自逸,要么让人束手无策。诚然,这是一个谜题,但也并非无计可施。不过,它永远不可能不攻自破。你可以作出所有关于运营的艰难而又实用的决定(比如汇报途径、激励措施、投资等),但这并不能解决最令人头疼的人的问题。

撰写本书的前言时,我们便发现自己正面临历史上最大的文化难题之一。新冠疫情蔓延全球,我们和我们的组织该如何承受并重整旗鼓?于企业来说,"新常态"是怎样的常态?谁该进入我们的组织,谁又该被排除在外?为了提高生活水平,改善健康状况,我们的决定至关重要,这个决定应该如何作出?何为公平?如何保持公正?如何体现正直?孰轻孰重?在每一个交叉路口,我们都面临这些不可避免的问题。在我们看来,文化工作已经成为首要工作。倘若不接受新文化,组织将日益衰落，人与人之间将寡恩薄义、各行其是、人心涣散。但如若选择接受、灵活处理，便可以开启一个富有创造力、生产力的文明昌盛的新时代。

　　凭借作为人类生物学家以及商业顾问的多年经验，我们将向你展示如何驾驭塑造你的文化的力量，达到你的战略目标及价值观。许多商业专家会告知你：企业文化始于高层。在那里，高层管理人员掌握着成功的钥匙。但任何一位称职的人类学家都会告诉你：文化"无处不在"。这把钥匙，人手一把。从中层管理人员，到负责将产品和服务推向市场的前线人员，甚至到给地板打蜡并用消毒剂擦拭的人员，无一例外。这是一种集体的力量，循环往复，影响着企业的每一次谈话、会议和决定。在本书的开篇，我们将向你展示如何使用这种力量，如何让它为你的团队效力。

　　杰出的棒球运动员、业余社会科学家、哲学家约吉·贝拉（Yogi Berra）曾言："洞幽烛微，多多观察，便可以发现许多东西。"此话极具讽刺意味，是在嘲讽人们大多时候并不会观察。这便为我们提供了一条简单的指导方针来帮助你开启理解文化、管理文化的旅途。注意！这些问题十分重要，不要让忙碌分散你的注意力。放慢脚步、细心观察、仔细聆听，你将会注意到文化之谜中那些细微之处。但是，如何诠释我们目之所见，有时需要外力的帮助。正如哲学家兼诺贝尔奖得主亨利·伯格森（Henri Bergson）所说："我们也许看得很清楚，但我们并不明了所见为何物。"不用担心，我们将教你怎样去诠释文化的蛛丝马迹。人们往往对这些重要的文化线索熟视无睹。

本书将帮助你解开文化之谜

第一部分：法老、首席执行官与园丁（第一章至第三章），列出了文化之谜的所有现象，解释了它们之间千丝万缕的联系，希望你能如园丁一般，仔细斟酌，考虑如何构建一个凝聚力强且经久不衰的部落文化。部落一旦建立，文化的定义便产生了，文化是一个不断学习、适应的过程，受四股永恒力量的推动，这四股力量分别是愿景、兴趣、习惯和创新。本书将展示它们如何像自然的力量——土壤、水及太阳——一样发挥作用，塑造并满足我们最深层次的社会及情感需求。

第二部分：文化中的四股力量（第四章至第七章），深入剖析每种力量，为团队的各级领导（从全球首席执行官到团队领导、经理和主管及小型企业家）提供实用指导，便于创造出彩的文化。通过精彩的故事及生动的案例，这部分将带你一步步学会驾驭和管理团队中的这四股力量。

第三部分：可持续发展之梦想（第八章），展示如何保持文化繁荣昌盛。园丁们憧憬着这样的生活，色彩缤纷的花朵从春天肥沃的土地上绽放，他们用这种方式表达他们的愿景。然而，他们知道不能坐享其成。必须精心培育每一株植物，拔除杂草、施肥松土、细心呵护，以期硕果累累。

在本书中，你将遇到形形色色的人物：运动员、社会改革家、流氓、科学家、不合群的人、小说家和企业高管，这些人在文化层面上会体现出人性善良及丑恶的一面。我们将不时地讨论当前的新闻事件，如新冠疫情及黑人人权运动（黑人的命也是命）[1]。不过，在我们谈及时事之前，让我们把镜头跳转到3000年前骄阳似火的埃及沙漠。

---

[1] Black Lives Matter：指黑人人权运动，原意为黑人的命也是命。——译者注

目录
CONTENTS

第一部分
法老、首席执行官与园丁 / 001

第一章　法老与首席执行官：着眼于当下　003

第二章　职场中的团体冲突：看透背后的组织构成图　030

第三章　园丁的信条：推动组织成功的四股力量　054

第二部分
文化中的四股力量 / 079

第四章　展望未来：书写你的团队篇章　081

第五章　聚焦成员：满足兴趣，开启行动　105

第六章　习惯之力：重塑规则　127

第七章　蓬勃思想：培养创新灵感　148

第三部分
可持续发展之梦想 /173

第八章 谨慎的园丁:拔除杂草,培育野花 175

后 记 首席执行官与梦想家 /199
附 录 文化评估器 /205
致 谢 /209

第一部分

法老、首席执行官与园丁

第一部分　法老、首席执行官与园丁

第一章 法老与首席执行官：着眼于当下

他骑着马，昂首阔步地进入波澜壮阔的夜光谷，从一辆白金战车上凝望着周围的悬崖。在他威严的双眼中，悬崖的形状让人不禁联想到"地平线"的图案。突然，他灵光一闪，在神圣灵感降临的一瞬间，他决定在那贫瘠的土地上建造一座伟大的城市。他将称它为"上帝降临的地方"。然后，在那里向临时的祭坛献上面包、素酒、植物、果品和香烛，他跪身于前，庆祝这个重要的时刻。当他起身，他下令用石板标记这座大都市的边界——他所统治的世界的边界。

他就是阿肯那顿（Akhenaten）法老，是公元前 14 世纪埃及的统治者。在他统治期间，他实施了一系列令人眼花缭乱的文化变革，从新颖的艺术和建筑风格，到那些用来表现他自我膨胀的意识形态的原创辞藻，再到行政结构的彻底变革。其中，最引人注目的则是他创造了一套完全反传统的宗教信仰，即自称为太阳神，并自诩宇宙的中心。在此之前，法老仅为百姓与数百名神明之间的沟通者，而如今，法老本身也成了神明中的一员。

若你生活在阿肯那顿的统治之下，你是会欣赏他的创造力和远见，还是会认定他是一个肆意狂妄的疯子？近一个世纪以来，学者们一直为这个问题争论不休。不少学者指出，他的臣民一定非常钦佩他在艺术、政治和哲学方面的文化创新；而其他人则坚持认为，几乎没有人会轻易放弃根深蒂固的宗教信仰而跟随他。

事实证明，法老的大多数臣民都没有接受这一重大的变化。随处可见的动荡、瓦解冰消的经济及阿肯那顿的逝世，在他短短十七年的统治之后，人民对太阳神的崇拜走到了尽头。阿肯那顿法老的继任者图坦卡门（Tutankhamen）尊重人民的意愿，重新信奉人们所敬仰的旧神灵，并修复了他们的庙宇。

骄傲的法老未能改变长期以来的文化信仰，这一故事在今天仍然具有深刻的现实意义。即使你手握最高权柄，即使你是主管、项目经理，甚至是全球首席执行官，你也需要了解你所处组织的文化背景。身处前所未有的变局，在"下一个常态"到来之前需要谦逊和努力。若你企图施加绝对控制，结局必然是亲眼看着你的如意算盘埋葬进法老的墓地。

开始破解文化之谜

当现代建设管理人员选择阿肯那顿的道路时，大约四千年前的埃及历史事件每天都在公司与校园间流传、不断上演。他

第一部分
法老、首席执行官与园丁

"我们特别除掉看似宝贵实则无意义的糟粕，只取精华。"

们痴迷于建设他们的"璀璨之城"，要求进行大规模的文化变革，希望以一种全新的方式推动他们的组织成为全球的主导力量。

设想一下，一家价值数十亿美元的斯芬克斯股份有限公司（Sphynx, Inc.）为提升公司业绩，其首席执行官莱尔·金（Lyle King）绞尽脑汁，突然灵光一现，一幅蓝图就诞生了。只要有了这套全新的理念和行为准则，全体员工的功成名就便指日可待。"放弃我们过去古老的商业模式，"金宣布道，"斯芬克斯全新的运营模式会让苹果公司相形见绌。"

首席执行官金先生明示了预期的变化，只需静观其变。人们会乐意接纳新的经营方式吗？答案是不确定的。或许他们口头上会接受新的价值观，却心存愤恨，十分抵触。若真如此，他们可是秤砣虽小，能压千斤，他们这是在蓄意阻碍文化变革。一年后，斯芬克斯的资产负债表出现赤字，董事会不得不将曾经至高无上的首席执行官请出公司大门。

众创空间（WeWork）是一家为任何组织机构和自由职业者设计灵活工作空间的公司。2013年，众创空间的执行总监哈里森·韦伯（Harrison Weber）听到了一个和莱尔·金、阿肯纳顿所持有的一样令人叹为观止的宏伟愿景。深夜，他略带醉意地伫立于曼哈顿57层伍尔沃思大厦顶部的观光台上。在他身边晃悠着两位醉醺醺的同事和一位名叫亚当·诺伊曼（Adam Neumann）的合伙人。此时，亚当·诺伊曼，这位身高约1.96米的众创空间的魅力创始人，正在勾勒他宏伟新世界的蓝图：人们在令人赞叹的工作环境中工作，不仅硕果累累，而且成果空前绝后。

韦伯（Weber）生动地描述了那历历在目的一刻。"我和他一起驻足于世界之巅，他说：'一切都将是不可思议的。'"他宣称："诺伊曼所说的'实体社交网络'的想法，将会让任何一个企业转变为时髦且一流的新世纪企业。"正如《纽约时报》记者艾米·乔齐克（Amy Chozick）所描述："众创空间将创造一个'工作和娱乐相融合'的空间，并将'提升世界的意识'。"韦伯将其简单描述为："你所说的生活，不过是常规的生活方式而已。"或许正是如此，不过投资者对诺伊曼有关众创空间的愿景反响绝非"常规的生活方式"。据估算，该公司迅速获利470亿美元。但随后一系列项目的失败迅速侵蚀了这一天文数字。2020年，也就是在距诺伊曼与他的三名员工凝望曼哈顿的夜景"挥斥方遒"7年之后,公司的估价已暴跌至约90亿美元。2019年年底的首次公开募股失败,暴露出诺伊曼的愿景不过是邪教般的炒作。日本投资公司软银的总裁孙正义在众创空间上押下了惊人的44亿美元。当被问及这个令人遗憾的决定时,孙正义试探性地用英语回答道:"嗯,他虽然没有具体的商业计划,但他目光如炬。从他非常有神且闪亮的眼睛里,我能看出来。"

领导者强大,无疑能引领意义深远的变革,但只会发号施令是无法完成任务的。如果只是像诺伊曼和阿肯那顿一样高高在上,只顾推行雄心勃勃的计划,你就会发现你已步入雷区,处处受到抵触甚至遭到蓄意破坏。你必须解决我们所说的文化之谜。

人类在追求基本需求和崇高理想过程中所具有的学习能力、适应能力及合作能力,是任何其他动物所不能企及的。如果让顶级聪明的大猩猩、鲸或海豚加入全球企业集团,这必定令人匪夷所思。人类有这种能力去形成一种文化,进而根据千变万化的外界条件调整个人的思维及行动方式来适应这种文化,以创造惊人之举。我们建立了城市,登上了月球。然而,"毒"文化侵蚀了无数组织与社会群体。让我们把目光转回阿肯那顿、诺伊曼和成千上万的伟大梦想家吧,他们个个雄心勃勃、狂妄自大,其宏伟计划,哪个不是弊大于利呢?

你需要具备哪些知识、技能才能创造一个强大的、充满活力的、灵活多变及适应性强的文化,并且在这种文化氛围中，人人充满热情，努力做事，业绩非凡？撰写本书正是为了解答这个问题。为此，我们积累了大量的经验。在整整75年的研究、教学、咨询及实践中，我们掌握了一些基本知识。例如，如何创造健康的文化，以及如何让文化更好地满足你的目标？

第一课：成也文化，败也文化。大多数文化建设的错误都源于领导将文化看作一个附加属性，他们认为文化仅仅是企业成功的插曲。大多时候，战略、财务和运营问题占据了企业发展这辆"公交车"的前排座位，而文化却被排在后座。但在我们看来，文化应该起掌舵作用。战略、财务运营抑或其他类似的选项都不能满足人类的基本需求，文化却做到了。它满足了我们基本生物构成中根深蒂固的需求，这些需求对我们日常生活和喜怒哀乐至关重要，如同食物、空气和水一般。毫不夸张地说，文化成就了人类。

这就引出了**第二课：文化满足了我们一些最重要的需求。**我们都需要深厚且能得到回报的关系；我们都喜欢解决能为团队带来创收的问题；我们都渴望在生活中取得进步的同时赢得尊严和别人的尊重。人们为实现这些动机而采用的不同策略决定了不同的文化，你永远不可能独自完成这一切。用人类学的术语来说，这需要一个部落来完成。它的成员接受了最系统的教育，经过一系列学习，最终学会如何在部落中生活并为其创造价值（第二章探讨部落是如何形成和进化的）。当领导者讨论建立一个强大的、适应性强的文化时，他们往往会忘记自己的起点并非一张白纸,而是由有着丰富文化的团队、单位、工作伙伴,每个团队都有自己独特的文化。即使你担任斯芬克斯股份有限公司的首席执行官,你也只是众多寻求满足他们文化特殊需求的首席执行官之一。文化永远不会仅在高层的命令中孕育,它生长居住在各个组织部落中。想要创造一个统一的文化,你需要按照别人的方式与他们接触,如同探索新土地的人类学家一般,手拿着空白笔记本,以海纳百川的心态去完成任务。换言之,要建立一个富有成效的繁荣文化,你必须了解和关心生活及工作在其中的所有人。

第三课:文化变革。世界在变化,社会在变革,人们也在改变。为什么一些企业拥有坚如磐石的文化却在一夜之间分崩离析?当你审视自己的组织时,为什么优秀的小团队奇迹般地聚集在一个团体中,而在另一个团体中时常冒出不满的声音?答案:在组织的大文化洪流下,所有的小文化都在不断成长、演变并适应变化。当你认为每个人最终都将朝着一个方向前进时,一些事情正在悄然改变,这将迫使你三思而行并重建你的文化。

文化有时候可能看起来像一个特立独行的人,无法控制,思想独特。但文化变化遵循的原则就如同行星与恒星的运行一般,仔细观察,你便会发现其中的规律。我们花费了几十年去寻找这些规律以帮助领导者理解并运用它们。正如天体遵循物理定律一样,组织也遵循文化运动的规律,其推动力则来源于影响我们如何满足需求的渴望,以及如何共同完成任务的那几股力量。

四大力量驱动着文化：愿景、兴趣、习惯和创新。自人类诞生以来，这些力量塑造了每一个部落、组织、国家、社会和文明。为了建立强大的文化且将团队的力量汇聚在一起，你必须驾驭这四种力量，并引导集体的力量以便达成组织目标。

推动组织成功的四股力量

愿景。每个组织都有一个愿景，愿景体现在使命和价值观的表述中，渗透在战略计划、信条、座右铭、网站、市政厅会议的演讲、标准操作程序和组织文化中。愿景讲述了组织形成的故事，以及组织存在的意义。愿景正式的表述通常来自高层，但只有组织的每一个成员心甘情愿地接受这个蓝图，愿景才有意义。

兴趣。正如我们在前文中所说，每个人都有动力去满足基本的需求，比如稳固的人际关系、做有意义的工作及维护尊严。满足这些需求的工作可以激发人们实现组织愿景的动力。当人们感到精力充沛时，他们会热切地与同事合作并努力工作以取得成果，并且为自己属于一个大家庭而感到自豪。

习惯。在经久不衰的文化中，理想的信念和行为成为日常的一部分。一开始它可能只是一个关于改变的建议，而后便逐渐成为一个共同的惯例，抑或"我们在此做事所遵循的方式。"

创新。虽然文化的生命力强大且经久不衰,但它必须不断迅速地适应市场、经济和竞争环境的变化。有的时候,从竞争对手那里借鉴有效的策略也未尝不可。在日益混乱的现代社会中,一个组织必须在守旧与革新需求之间保持微妙的平衡。这就要求我们不仅要有远见卓识,还要有创新精神。

这些力量就好似一幅拼图(回顾了广泛的社会科学研究,以便我们对这些力量有更深入的了解)。小块的拼图倒在牌桌上,看起来就像一团乱麻:没有秩序,令人迷惑、头疼不已。

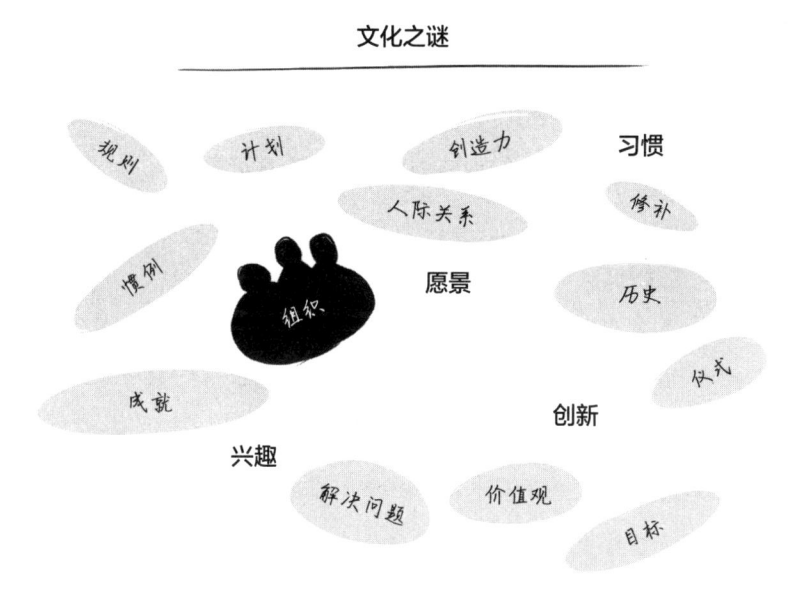

文化之谜

规则　计划　创造力　**习惯**
　　　人际关系　　修补
惯例　　组织　**愿景**　历史
　　　　　　　　仪式
成就　　　　　　**创新**
　兴趣
　　解决问题　价值观　目标

但是,一旦你将图拼成功,你就会看见它们之间是如何紧密相连、密不可分的。现在,一切看起来都井然有序。

文化之谜

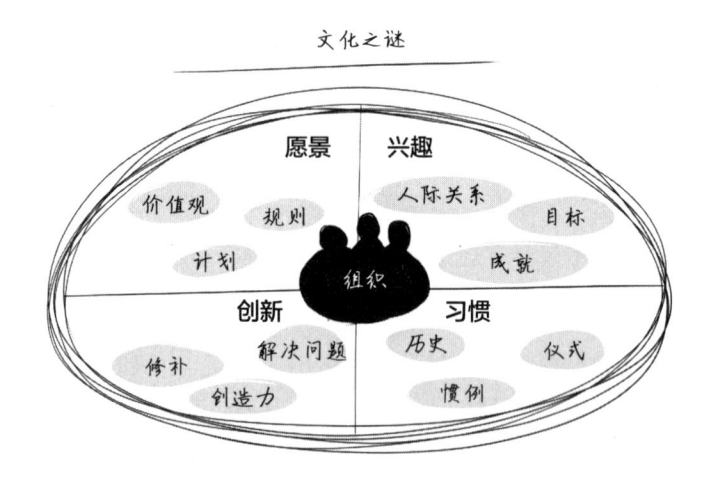

```
                愿景        兴趣
        价值观         人际关系
             规则              目标
          计划      组织   成就
                创新        习惯
                   解决问题   历史   仪式
           修补
                创造力    惯例
```

即使在你探索解决文化之谜的早期阶段，你依旧可以开始评估你的组织、未来的雇主、你的团队，甚至你正考虑购买股票的公司。你可以使用附录中的文化评估器来对你的团队文化进行更全面的评价，但现在请尝试回答以下问题：

- **组织**。你的组织是如何运作的？是以一个组织，还是多个组织，抑或组织竞争？组织中领导凝聚力是否足以在组织间营造团结力？组织间是否会相互合作与扶持？
- **愿景**。人们是否了解这一套明确的价值观念？他们是否接受并支持这些价值观念的操作规则？他们能想出一个可信并且可行的计划来点亮通往成功的未来之路吗？
- **兴趣**。组织内的员工是否能充分参与彼此之间的工作？他们觉得自己的工作得到了适当的认可了吗？人们是否达成了自己深远的目标并感到自己有弥足珍贵的经历？

- **习惯**。人们是否依据个人习惯和促进成功的组织计划按部就班地实施？你的组织是否利用仪式感来强化积极的习惯与惯例？
- **创新**。人们是否最大限度地运用了自己的创造力来解决迫在眉睫的问题？他们是否一直在精益求精，改进自己的方法？他们会认真对待不同的观点吗？他们愿意接受新的行事方式吗？

随着你对解答谜题越来越得心应手，你将会意识到它的力量能够帮助你在文化上做出明智而持续的改变。根据你最初的思考，你认为最需要下功夫的是哪一方面？

明确轻重缓急

文化是一种永恒的、人类独有的、集体性的学习和适应过程。几千年来，人类一直致力于解决与最基本的需求和最崇高的理想有关的难题，并创造一个可以激发我们奋发学习与成长的环境。文化是所有组织共同生活工作的命脉，血脉循环直至团体或组织溃散。

令人费解的是，尽管文化定义了组织，甚至定义了我们的人性，但大多数人都对此不甚明了。然而，文化的影响无处不在。即使你无法将其牢牢抓住，但当其摇摇欲坠时，你会有所感知。关注四股力量的模型不仅有助于理解是什么推动了文化，而且能够帮助你看清如何让文化走上正轨。文化能够化抽象为具体。

是什么导致了阿肯那顿巨大的文化变革注定失败？是人们不接受他狂放的新愿景，因为这一愿景只表达了他个人对权力的渴望，却很少关注民生的需要。这一愿景并没有满足人们最基本的需求与利益。在阿肯那顿法老逝世后，人们很快又恢复了旧的生活模式，他创造的新信仰并未能融入人们的日常生活。鉴于其他种种方面都与基本需求的脱节，他们未能利用创新来改善不断恶化的经济也就不足为奇了。

是什么导致众创空间从悬崖滑落？是诺伊曼的愿景。诺伊曼的愿景，为了显示自己的伟大之处而使用满篇虚华辞藻，不曾想到头来却只是夸夸其谈、不切实际的幻想。这些工作空间未能与"我们"的实际利益产生共鸣。员工形成了自身的习惯，但这些习惯与更大的战略之间的联系并不密切。最后，投资者得出结论：该公司的商业模式缺少可持续发展所需要的真正创新。

这种文化溃败一直在发生。我们只需要对那些备受瞩目的企业［优步、波音、富国银行、温斯坦公司（The Weinstein Company）等］稍加了解，就会发现他们的某些行为非常糟糕、极不道德，甚至非法，简直糟糕透顶了，以至于记者、监管机构、政治家和普通群众都哀叹"毒"文化的破坏性影响之大。当文化溃败时，我们常常想不明白："那些高管到底在想什么？"就我看来，他们只是对文化之谜思考得不够深刻。

未能深入考虑文化不仅是由于恶意或贪婪，傲慢的领导们可能会认为社会规范和法律并不适用他们，但文化溃败几乎总是由于简单的忽略造成的。我们常常听到："我们只需雇佣合适的人选，制定正确的战略，创造理想的利润，并建立好我们的资产负债表，我们的文化便会自然而然地发展起来。"抱歉，如果你基本上忽略了你的文化建设，虽然文化看不见，但文化却会对你做出的决定、言语、计划和采取的行动做出肉眼可见的改变。

我们经常把典型的文化体验比作无人驾驶飞机。我们一路飞行，却不去想是由什么控制（驱使）让它在空中自由穿行，加速驶向目的地。诺贝尔奖得主、心理学家丹尼尔·卡尼曼（Daniel Kahneman）称之为"快速模式"（fast mode）。我们继续做着我们正在做的事情（挤牛奶、把一个法兰固定在一个小部件上、经营一家财富500强公司），却并没有完全意识到我们在做什么或者为什么而做。我们只是决定在沙漠中建造一座城市，创办一家提升人类意识的公司，或者只是做一顿晚餐，然后我们便勇往直前。

在大多时候，快速模式运行的效果都很不错。

- **首先，快速模式有助于我们打造全天候运营的商业**

环境。竞争对手也正在日夜谋划着如何赶超我们，挖走我们最有价值的客户。要是某个周六下午，时间紧迫，必须从待办事项列表中删除某些事项时，快速模式便为我们提供了很好的服务。

- **其次，快速模式不需要太费力**。反应比反思容易得多，你可能会把自己想象成罗丹的雕像《思想者》，你眉头紧锁，沉思着伟大的构想，但是，在所有这些高度专注的状态结束时，这个沉思的家伙可能已经因为繁重的脑力活动而疲惫不堪，最后几乎没有精力处理一些简单而实际的事情，比如准备一顿五道菜的晚餐，甚至只是简单地系个鞋带。

- **最后，快速模式遵循自然的基本法则之一——"能量守恒"**。一位成功人士会节省足够的精力来应对生活和工作中每天出现的所有突发状况。奥巴马在担任总统期间，几乎每天都穿同样的灰蓝色西装，以便节省他做出影响世界的重大决定所需的宝贵精力。你的日常工作可能不会直接影响国家的命运，但于细微之处见真知，所有微小的决定仍然会影响你的重要决定。

快速模式是一种让人感到舒适的习惯。当我们以一贯的方式做事情，花费的精力并不多，又何必大费周章，伤筋动骨呢？当你可以让文化自己解决问题的时候，又何必花大力气

第一部分
法老、首席执行官与园丁

去深入思考和仔细地组合这些恼人的文化拼图呢?

著名心理学家威廉·詹姆斯发明了一套全面的"习惯哲学"。他在这个问题上的研究影响了许多当代组织学的专家,如畅销书作家吉姆·柯林斯(Jim Collins)和查尔斯·杜希格(Charles Duhigg)。在1887年一项名为"习惯"的简短科学研究中,詹姆斯写道:"当我们从外部角度观察生物时,首先让我们震惊的是,它们是一堆习惯。因此,习惯是社会的巨大飞轮。"

当你驾驭习惯的飞轮来满足人类的基本需求时——尤其是,当你驾驭了四种力量来满足这些需求时——你将为你的组织注入活力并推动它达到世界一流水平。在本章中,我们已经分享了一些反面教材。不过,在后面的章节中,我们将更多地讲述关于组织解决文化难题的故事,它们将所有零散的碎片凝聚成一个令人满意的和谐整体。

成功的故事往往情节相似。敏锐的观察者会意识到他们的文化需要转变,在公布任何重大的变化之前,他们会花费时间来评估当前文化的优势与劣势。换句话说,在跑之前先学会放慢脚步。为了放缓速度,他们会模仿《思想者》中最精彩的部分——手托下巴,慢慢思量,但他们从不退缩。事实上,放缓脚步往往也意味着更积极地参与、探索组织中的每一个部分,并花费足够的时间去充分了解当前的文化。这并非易事,我们都习惯待在自己的舒适圈里,但养成孕育成功的好习惯需要时间与精力。我们对破产企业的研究表明:许多企业破产是因为他们的领导者认为自己是绝对正确的，认为自己可以把任何愿景——即便它如此愚蠢——也能变成一种虚妄的信仰。

伊丽莎白·霍尔姆斯（Elizabeth Holmes）便是一个很好的例子。像诺伊曼一样，她最初被誉为一个有远见的天才。因为投资者相信了她的说辞，她的生物科技公司Theranos[①]获得了90亿美元的估值。根据她的说法，该公司的自动检测设备将通过使用微量血液进行快速诊断，医学从而会发生翻天覆地的改变。2015年，《福布斯》把霍尔姆斯评为美国最年轻、最富有且白手起家的亿万女富翁。但她并未能在金字塔的顶端站稳脚跟。2015年，一条有关霍尔姆斯欺骗投资者和政府监管机构的指控霸占了新闻头条。2018年6月，联邦大陪审团指控霍尔姆斯和她的情人——Theranos前首席运营官拉梅什·巴尔瓦尼（Ramesh Balwani）犯有9项电信诈骗罪和2项阴谋电信诈骗罪，理由是向消费者分发带有伪造结果的血液检测。到2020年，霍尔姆斯几近破产。

据《华尔街日报》的约翰·卡雷鲁（John Carreyrou）报道，就在这一欺诈指控成为头条新闻的时候，霍尔姆斯仍然向留下的员工宣称："我正在建立一种信仰。"巴尔瓦尼则变本加厉，他坚持认为，任何不愿为这项事业"破釜沉舟"的人都应该"滚出去"。

---

① Theranos，一家血液检测公司。——编者注

第一部分
法老、首席执行官与园丁

为何他们会有这样的想法？

想必你已知晓答案。他们的步履匆匆，根本无法做到深入思考。忽略从快模式切换到慢速模式所需的精力和真正应该注意的事情是很常见的，但是有时你的未来甚至你是否能生存下来都取决于选择的模式。为了实现你的雄心壮志（无论你是在创办一家新公司，担任一家"财富100强"公司的首席执行官，又或是刚刚赢得了你所在城镇市长的选举，或领导了一支校内篮球队，还是希望有一天现代艺术博物馆会将你的画作挂在墙上，或者只是想做好身为父母、朋友或配偶的分内之事）你都必须时而放缓脚步，驻足倾听他人的心声，找出他们的真正所需。当你倾听时，你听到的是一种文化中应该保留的积极方面。你还可以了解到，最好将阿肯纳顿法老的法令一般的规则抛之脑后，遗弃在历史的灰烬中。

什么是文化？

文化……
- 从四种力量的相互作用中产生
- 引导思维、行为、价值和沟通方式
- 产生集体成就
- 形成团体，增强成员的归属感
- 不断变化

正如小说家乔治·奥威尔（George Orwell）所言："欲拨开眼前迷雾，需不懈图之。"

抓住民心与民众所望

让我们来仔细看看阿肯那顿法老改变埃及文化的尝试到底出了什么问题。纽约大都会艺术博物馆（Metropolitan Museum of Art）馆长玛莎·希尔（Marsha Hill）总结了历史教训："在某种程度上，人人都喜欢革命者。某个人有着真实且宏伟的想法似乎会让事情往好的方向发展。当然，这个想法也许从未实现过。"

阿肯那顿的步伐很快，他迅速且有计划地替换了长期存在的宗教习俗、神话和符号。并且他用如闪电般的速度在语言、建筑和政策方面进行了创新。尽管他的人民表面上顺应了这些巨大的变化，但是他们的内心却保留着深入到骨子里的旧信仰。他们将旧神的雕像和模具偷偷藏起来，方便日后以这些神像为模板制作护身符。

法老保留了人们对他和他的"太阳神梦"的真实看法。柏林新博物馆（Neues Museum）的石浮雕上雕刻了阿肯那顿的妻子奈费尔提蒂（Nefertiti）怀抱爱子的温馨场景。但是历史学家了解到，人们对这一家子的态度极为苛刻，并且到了无法原谅的地步。考古学家安娜·史蒂文斯（Anna Stevens）曾说："对大部分人来说，他们的生活依然非常艰辛，即便付出艰辛劳动也只能保障最基本的生活。"超过 2/3 的人口的寿命未能超过 35 岁。史蒂文斯推测，他们真的"工作到生命的最后一刻"，儿童也饱受其苦。考古证据表明：当时的年轻一代普遍营养不良。

我们再次看到，傲慢自大并且不着眼于当下，会与原本的期望产生怎样惊人的脱节。史蒂文斯指出：高级官员的墓穴中出现了详细的王室图像，但这种图像从未在平民百姓的墓穴中出现过。"平民遗留的痕迹中并未提到阿肯那顿和奈费尔提蒂，就好像这并非他们所统治的王国。你的愿景可以在王国高层中产生激烈的碰撞，但在平民百姓的生活中却无法激起波澜。"

虽然文化的改变通常来自高层管理人员的群策群力，但除非它能够打动人心，否则这一改变并不能在整个组织中扎根。根据最近发表在《哈佛商业评论》(*Harvard Business Review*)上的一项研究，首席执行官和首席人力资源官（CHRO）将"管理与改善文化"确定为人才发展的首要任务，但大多数当代工作者并不能看到这种信念的影响。他们或许曾听闻，但并未将其放在心上：

- 87% 的员工不理解最高管理层制定的宗旨。
- 69% 的员工并不相信企业目标（如果他们确实了解企业宗旨的话）。
- 90% 的员工的行为与企业宗旨不符。

普华永道的一项研究证实了这些不甚乐观的数据，他们发现：不到1/3的员工觉得自己与公司的宗旨有关联，超过一半的人对自己的工作只是略有"激情"。总结起来就是：领导层的言论与员工对他们言论的看法及感受之间存在严重脱节。这一落差向我们解释了为何许多组织如今取得的成就不尽如人意。

当你意识到一个愿景必须照顾到每个人的想法时，文化之谜的碎片就开始慢慢归位了。人们可能会在公开场合向宣布最新重大变革的领导者鞠躬，但如果阳奉阴违，他们就不会全力以赴投入这项事业，甚至会在幕后破坏它。如果人们只是将新的信仰和行为挂在嘴上，制定的文化改革是不会起作用的。它必须深入，深入，再深入。有鉴于此，在文化改革过程中往往让人感觉无计可施，进而只能以失败告终，这也不足为奇了。"他们怎么就不明白呢？"你喊道，"为什么尽管我们在这项变革中投入了大量的时间与精力来改变生产经营方式，但生产和盈利数值却持续下降？"

我们会不假思索地回答这些问题：你需要运用四种力量（愿景、兴趣、习惯和创新）来创造一种新的文化。当你深入了解它们时，你就会形成一种执行全新的生产经营方式的文化。同样重要的是，新文化的原则必须不断发展，以迎接商业环境中的新挑战。为了生存，它必须不停地变化、适应和成长。当这种情况发生时，你可以切换到快速模式，让企业至少在一段时间内"自动驾驶"。与此同时，如果公司文化需要调整或重大改革,你必须准备好再次放慢脚步。这些时候,你必须停止"自动驾驶",努力着眼于当下。

掌握想象、倾听、反思和试验的艺术

我们认为,我们的四种力量的模型简洁明了。它简化了一个高度复杂的过程。我们可以写一本关于每个谜题的长篇论述,标题包括"管理关系""完成工作""将绩效提升到一个新的水平""创造完美的使命宣言""吸引你的员工""让成功成为习惯""掌握创新艺术"。但那些沉重的书籍并不能告诉你如何将它们联系起来。这就是为什么我们将文化视为一个谜题。这不是一两件事,而是一个整体。我们的模型向你展示了如何构建、更改或更新你的文化观,再逐一拼接起来。在后面的章节中,我们将更深入地介绍可以采取哪些步骤来驾驭这四种力量。

运用四种力量打造制胜文化

(1)**想象**。用最清晰、最简洁、最引人注目的语言来描绘你想要的文化。尝试用生动的语言和故事来描绘,这会更加符合人们的趣味与思维。(第四章)

(2)**倾听**。放缓脚步,仔细倾听你的员工讲述有关他们最深刻的社会及情感需求的故事以感受兴趣的力量。然后,开

始制定策略，以缩小员工的需求与组织期望之间的差距。（第五章）

（3）**反思**。促进与组织内每个人的建设性对话，探讨如何将期望的文化与人们的需求统一步调，以养成新习惯。通过外界寻找有关如何获得结果的想法，寻找向其他公司学习的机会，包括向你的竞争对手学习。（第六章）

（4）**试验**。组织和启动创新的小规模项目，旨在缩小人们需求与他们从你的组织中实际获得之间的差距。在某些项目中，你可以随意拓展一下。跳出组织构图的框架思考。仔细评估可行与不可行的部分，以便管理创新中可控的意外。（第七章）

企业家尼尔·布卢门撒尔（Neil Blumenthal）和大卫·基利波安（David Gilboa）在创立眼镜公司瓦尔比派克（Warby Parker）的企业文化时就遵循了这些步骤。当他们还在沃顿商学院攻读工商管理硕士时，他们就创办了一家4人的小型网络公司，并且在相对较短的时间内迅速成长为一个利润丰厚的大型全球品牌。该公司从一个简单但引人注目的愿景开始：为那些几乎买不起眼镜的人提供优质眼镜。他们不仅听取了潜在客户的需求，而且还听取了员工在完成工作方面寻求帮助的内容。他们与这些员工一起反思怎样将这种具有社会意识的愿景与瓦尔比派克公司每天实际完成的工作联系起来。他们尝试各种方法来实现他们的愿景——创造一个繁荣的企业。这家公司成立不到10年就取得了行业"独角兽"的地位（估值10亿美元)。谈到公司的成功,基利波安说:"(客户)看到我们在努力让他们满意。我们现在有2000名员工,这是我们在企业文化中继续实践的经验。"布卢门撒尔和基利波安明白,任何解决文化问题的方法都必须尊重人类独有的幸福需要,助人为乐无疑会产生这种幸福感。

可持续发展的商业文化体现了人类价值观。巴塔哥尼亚(Patagonia)户外服装业务创始人亿万富翁伊冯·乔伊纳德(Yvon Chouinard)在其所著《冲浪板上的公司》(*Let My People Go Surfing*)中强调了这一事实:

> 必须带着愉快的心情开始每天的工作。我们都需要活动筋骨,上楼梯时一次跨两个台阶;我们需要身边有这样的朋友,他们想穿什么就穿什么,哪怕是赤脚也无妨;我们需要能自由支配自己的时间,去冲浪,去滑雪,或待在家里,或照顾生病的孩子。

你的公司是否满足了员工和顾客的需求?如果你对自己的答案不确定,无须感到绝望。你可以利用四种力量为你的组织注入活力,并实现自己的最高目标。

"等一下,"你可能会说,"我不是负责人,事实上,我被困于一群独裁的太阳神之间,他们驳斥了一切有关文化的软实力。"我们常常听到这样的说辞。但是,无论你坐在公司的哪个区域,是在高管层的顶层,还是在财务部门的楼下,都可以采取措施来扭转这种文化。如果你开始看到四种力量是如何在每一次相遇、对话和决定中不断穿梭的，你就可以抓住那些四两拨千斤的时刻。太阳神会对他们的仆从下达全面的命令，但即使是强大的国王也无法命令一种文化服从他。与太阳神不同，园丁们以培育郁郁葱葱的植被来设计一种文化。如果你想做出改变，请集中精力影响塑造你的花园的力量。在接下来的章节中，你将了解到不同角色的人是如何成功地创造更健康、更高效的工作环境的。而许多人正是在远离精英办公室的地方不辞辛劳地工作着。

关注企业，心系员工

2001年3月14日，李·努纳里（Lee Nunery）接到了一个深夜来电，这个电话令他惊讶不已。"我永远不会忘记那个日子。"他后来谈到。在接到电话的几个小时前，他埋葬了因肺癌病逝的妻子卡洛琳（Carolyn）。在费城郊区的家中，他的手机铃声响起。"在这个时候，谁会打电话给我呢？"他想。

"努纳里，"对面开口道，"我是大卫·斯特恩（David Stern）。"

自1999年以来，努纳里一直在宾夕法尼亚大学指导商业服务，但他此前曾为美国职业篮球联赛（NBA）专员斯特恩效力。刚接到电话时，他以为是个恶作剧，因为他已经多年未和斯特恩联系。

"你不要骗我！"他冲着电话喊道。

第一部分
法老、首席执行官与园丁

"没有,努纳里。"电话那头回答说,"我真的是斯特恩。"他打电话向他的前雇员及同事表示哀悼。

斯特恩最让人难以忘记的是,他让奄奄一息的美国职业篮球联赛起死回生的经历。2020年,美国职业篮球联赛雇佣了数千人,总估值达到600亿美元,而在20世纪80年代初,只有几十名全职员工为这个几乎不赚钱的组织工作。冠军赛决赛也几乎调动不起人们的兴趣,以至于哥伦比亚广播公司(CBS)在深夜用磁带延迟播放比赛。1984年,斯特恩受命带领这家境况不佳的企业实现增长和盈利。他立即做出了两个关键性的决定:他给球队队员设定了工资上限,并建立了强制性的药物检测项目。

斯特恩作为老板以苛刻、注重细节,甚至独裁而闻名。努纳里从第一手经验中得知:斯特恩并非浪得虚名。努纳里回忆说:"我呕心沥血写了一份200页的报告。当我坐在他的办公室里等待审核时,他会快速浏览文章,发现一个错放的逗号,便会大发雷霆。我走出门时,他还在咆哮呢。"但努纳里也看到了斯特恩的伟大之处。"就才华而言,斯特恩无可挑剔。我从未见过像他这样勤奋的人。他能注意到周围的每一处角落,用他的话说就是'发现问题'。他能够注意到别人所忽略的事情。"

斯特恩不仅将他对细节方面的重视应用于商业,他对人际关系也同样细心,这一特点解释了他深夜打电话给努纳里的原因。"他会与所有他认识的人保持联系。"

据努纳里说,名人堂"魔术师"约翰逊(Johnson)也有同样的感觉。2020年1月，在斯特恩去世后举行的追悼会上，约翰逊说："别人都背我而去，唯有此人对我忠贞不渝。"1991年11月，约翰逊在洛杉矶的一场新闻发布会上宣布自己艾滋病（HIV）检测呈阳性，人们担心会通过握手这种不经意的方式感染艾滋病。正如约翰逊所说，斯特恩的帮助"改变了世界"，他让自己在宣布退役几个月后就参加了美国职业篮球联赛全明星赛和奥运梦之队。

实现这一改变世界的使命将需要本组织主要成员的支持。正如努纳里讲述的那样，斯特恩告诉约翰逊说："我希望你加入梦之队，但你必须说服迈克尔·乔丹和拉里·伯德（Larry Bird）也参加比赛。"在他看来，一切都取决于"正确的人做正确的事"。它还涉及互谅互让，这一基本真理适用所有伟大的文化。

斯特恩认为，创造一个成功的、以结果为导向的企业文化，需要发现并尊重他人的需求，并将这种特质灌输给每一个与公司相关的人。他促使人们向前，严苛到不放过一个逗号，但他也像对待家人一样对待他们。回想起为严厉的老板工作的那些年，努纳里说："他很关注周围人的故事，因为这些故事很大程度上反映了人们的心理。他想触及每个人的内心。"

关键要点

- 开始思考如何整合你的文化谜题。
- 明确轻重缓急。

- 俘获人心。
- 要想改变一种文化,就要驾驭文中提到的四种力量。
- 关爱他人,他们也会关照你。

第二章 职场中的团体冲突：看透背后的组织构成图

瑞恩（Ryan）每天晚上都尖叫着醒来，在沙特阿拉伯和伊拉克的种种经历，都以片段式的回忆折磨着他。他清楚地记得一个简易爆炸装置在他的哨所附近爆炸的情景。"当真正的爆炸发生时，四处混乱不堪。"他回忆道，"我必须停下来，把这段往事抛在脑后。我需要集中精力，确保受伤或迷路的人得到照顾。"多年来，那次创伤性事件给他留下了愤怒和焦虑的后遗症。

和瑞恩一样，另一位退伍军人贾里德（Jared）发现自己很难重新进入正常人的生活。贾里德在一个温馨的美国中西部家庭长大，但他觉得自己在阿富汗的服役经历让他从一个"无忧无虑的农场男孩"变成了"受惊的士兵"。虽然回国后获得了商科研究生学位，但他还是决定做一名个体管道工。"我无法在蜂巢般的办公室里工作，"他承认，"我只需要管理好我的私人空间。"

在研究这些艰难且常常是悲剧的转变时，战地记者塞巴斯蒂安·荣格尔（Sebastian Junger）得出了一个意想不到的结

第一部分
法老、首席执行官与园丁

论。荣格尔观察到:"尽管这么说很尴尬,但战争的创伤似乎是因为放弃战争。"尽管武装冲突令人恐惧,但士兵们与战友和战场已经建立起了一种牢固的情感联系,这是他们在传统的办公环境中无法轻易复制的。据"二战"老兵温·斯特拉克(Win Stracke)说:"这是我们有生以来第一次处在部落式的环境中,我们可以互相帮助,不用害怕什么。我非常喜欢这种感觉。正是因为没有竞争、界限和所有那些虚假的标准,才造就了我对军队的热爱。"斯特拉克描述的这种感觉完全可以理解,因为在人类历史的大部分时间里,部落合作一直占据着主导地位。

时间倒回1945年,你与温·斯特拉克脱下破旧的制服,走进了位于纽约州阿蒙克市美国国际商业机器公司(IBM)总部。无论你走到哪里,你都会发现员工被一个个隔段隔开,分散在办公室的各个角落。这与在战场上与战友同吃同住共进退的战斗情形相差甚远。如果是你,能与这些干净利落的"公司公民"建立类似的纽带吗?公司能提供一个生死攸关的任务使你和你的同事全力以赴吗?乍一看,这很难想象。甚至当你晚上回家时,你会感觉到与你的家人和朋友有些疏离。你仍然会渴望战时的兄弟情谊,那种每天与死亡打交道但能给你那种渴望已久的集体归属感。

这种渴望告诉我们有关现代职场的什么呢?作为文化建设者,这对你意味着什么呢?

平衡合作与竞争的文化本能

人类是一种具有"双面性"的生物。与其他动物相比，人类更擅长合作。我们广泛交友，我们组建团队、创业、建立国家。然而，社会生活也充满了高等动物同胞之间的冲突。我们撒谎、欺骗、偷窃甚至杀戮。我们为何如此？

怎么说呢，我们只是人。我们始终驾驭着两种相互冲突的冲动：一种推动我们在团队内部进行合作，另一种将我们拉向团队之间的竞争。这种推拉现象会对工作造成严重破坏。

了解我们的进化史就能解释为什么会发生这种情况。生物人类学家的研究表明：我们最早的灵长类祖先是以群体而非成对的方式聚集在一起的，因为这些小群体最大限度地保障了他们的生存。随着时间的推移，与群体建立联系和认同群体的本能已经根植于我们的 DNA 中。神经科学研究表明：社会关系是我们的默认模式。当我们停止任何形式的独立活动，比如在电子表格中处理数字或阅读一本书时，我们大脑中面向社会的部分就会活跃起来，并准备好与我们的同伴进行下一次的互动。当我们感到被别人冷落和排挤时，这就像一把锋利的匕首刺进我们的心中。奥巴马任内的美国卫生局局长维韦克·默蒂（Vivek Murthy）查阅了相关文献来查明孤独的根源。他发现："我们的大脑在进化过程中不断寻求联系，将我们的思想集中在他人身上，并通过他人来定义我们自己。"

这种文化告诉了我们什么？一个相对较小的团体演变成了

第一部分
法老、首席执行官与园丁

一个部落，并发展出了一种共同的实践方式来最大限度地提高群体的生存机会。这个群体的成员将此遗传给下一代，一直到形成一种独特的文化。愿景、兴趣、习惯和创新这四大力量一旦发挥作用，如何在组织中与他人一起共同实现我们的需求，便有了答案。

然而，随着部落规模的扩大或与其他部落慢慢接触，另一种本能的出现使部落之间的局势变得更加紧张。这种本能促使我们与他人竞争。从进化的角度来看，竞争已经融入了我们的生存方式，因为我们经常需要应对对我们的安全或资源构成威胁的入侵者。正如合作精神一般，竞争精神也是与生俱来的。著名社会心理学家亚罗·邓纳姆（Yarrow Dunham）、安德鲁·斯科特·巴伦（Andrew Scott Baron）和苏珊·凯莉（Susan Carey）进行了一系列令人深省的实验来证明这一点。他们把孩子们分成穿红T恤的和穿蓝T恤的两组。除去衣服的颜色，孩子们不知道其他任何信息，他们很快就开始了竞赛。红衫军会帮助其他红衫军（"好人"），并将所有的不良行为归咎于蓝衫军（"坏人"）。在组织中，这种倾向可以将一个团队凝聚在一起，鼓励成员互相保护。但这也会引发很多令人悲伤的事情。在大型组织中，小群体居住在"竖井"中，这保护他们不受其他"竖井"中的人的影响，并使他们能够参与易察觉和不易察觉的资源竞争。市场营销与会计竞争，研发与市场营销和会计竞争，管理者努力让每个人都齐心协力实现组织的大目标。这并非儿戏。

看看宝洁（Procter & Gamble）与吉列（Gillette）合并后员工的遭遇就知道了。有"奥马哈先知"（Oracle of Omaha）之名的沃伦·巴菲特（Warren Buffett）曾预言，这笔价值570亿美元的交易将"缔造出世界上最伟大的消费品公司"。然而，实现这一目标所花的时间比巴菲特等投资者所希望的要长得多，宝洁的股价落后于竞争对手，并且，吉列的新业务也拖累了公司的营收。

这就是文化之间的冲突吗？是的。这是重大组织和竞争问题生死抉择的结果吗？也许吧。但就像红衫军和蓝衫军的实验一样，这也源于一些非常微小的差异。例如：宝洁公司的员工已经养成了通过书面备忘录进行讨论的习惯，但是吉列公司的员工更习惯使用 PPT。《华尔街日报》的一篇报道揭示了这种风格上的小差异如何导致合并后的团队之间出现了巨大的裂痕。吉列的员工认为，同行的宝洁是守旧的老顽固，他们坚持不必要的慢节奏，拥护官僚式的决策过程。吉列员工也不喜欢宝洁公司的缩写，对他们来说，CIB（costomer is boss，消费者就是老板）这样的表达并非简化了对话，而是阻碍了沟通。

瞧！竞争削弱了合作，从而导致整个组织的整体业绩受到影响。换句话说，人们为了坚持自己小团体的价值观，会不惜牺牲新成立的大团体的需求。在整个组织中，对自己的小团体不自觉地偏向会破坏跨团队工作的需要。假设 ABC 公司的业务开发部门需要和工程部门合作，共同完成"比主要竞争对手 XYZ 更快地将新出炉的咖啡研磨机推向市场"这一公司使命，因为 XYZ 新研发出的咖啡机将威胁 ABC 公司的生存。没有问题。啊，等等，可是这些商业发展大师与工程奇才说的是完全不同的语言。他们之间的一切，从穿着打扮到最喜欢的休闲活动，都截然不同。使两种语言对话是一项大工程，这一工程将会从"将最新款研磨机推向市场"的迫切需求中分走时间和精力。因此，这些"大师"和"奇才"们只是按照一贯的方式行事，以确保在下一次绩效评估中让自己的绩效看上去不错。当然，如果他们没有显示自己的竞争本能便开始合作（或者至少看起来是在合作），而全部依赖于此，便要冒着巨大的风险。

想让组织团队一起工作，共同创建一个相同的文化，需要清楚地理解合作和竞争之间这种基本的紧张关系。强大的文化将内部团队紧密地联系在一起，支撑一个鼓励跨职能团队合作的环境，并激励内部人员同威胁组织利益和生存的外部人员激烈竞争。

人类文化学家在回顾有关社会的道德准则的大量研究时，对合作与竞争之间的微妙平衡有了惊人的发现。这些准则虽然在许多方面各不相同，但都旨在保持竞争中的个体和群体之间的合作。典型的行为准则包括：

- **提供帮助**：确保群体里的每个人都能得到照顾，不管是敬爱的祖母还是每次破坏节日聚会的那个讨厌的表弟。
- **勇敢**：在追求实现重要目标时，要有勇气承担风险，挑战传统智慧。

- **尊重他人**：听从领导的意见，接受长辈的建议。
- **公平**：回报那些帮助过你的人，与他人分享资源并尊重他们的财产。

注意这些行为准则是如何反映相处和完成工作的需求的。无论你的组织是什么性质（不管是你的大家庭、办公室工作的团队，还是你所在的社区），你都需要他人的支持，一种灌输和奖励正确行为的方式，以及一种目标感。否则，合作就会崩盘。

每个文化建设者都面临着这样的挑战：建立一种共同的文化，以对抗人们持续创造自己小群体的趋势。即使是一对每天在 Zoom[①] 上见面的夫妇，也可以组成一个紧密的二人群体。一个特定群体的成员倾向于将群体中的其他人视为外人。一旦这种情况失控时，共享文化的感觉就开始消失了。群体成员之间可能会变得非常孤立，以至于他们对文化的威胁甚至超过了外来力量。由于只有不到 1/3 的高管认为他们了解自己所在组织的文化，这个问题似乎是无法解决的。不过还好，我们的 4 种力量模型可以帮助解决这一文化难题。

---

① Zoom：一个用于聊天、会议等交流功能的网络平台。——译者注

接受组织冲突的事实

官方组织结构图上所有的条条框框都表明了一套精心设计的人员之间和职能之间的关系。但是，在这个组织中，人们的联系方式从来都不是整齐排列的。没有任何一张图表可以真正展示一种文化的运作方式。小组织在盒子的边界之外发展，每个人都遵循自己的规则，以最大限度提高自己的生存机会，但这一方式往往会与整个组织制定的规则相违背。

社交网络专家罗布·克罗斯（Rob Cross）对一个全球组织进行了深入分析，生动地说明了这一点。《财富》500强公司Omnivore（"杂食"）的领导者把自己的未来押在了一项旨在让人们跨技术部门共享知识的计划上，但说起来容易做起来难。尽管 Omnivore 的高级经理在听到打破"竖井"的理念时点头表示赞同，但他们的行动却表明了一种截然不同的情况。当克罗斯和他的同事们研究了 Omnivore 员工的 8 个部门之间的交流时，他们发现大多数人仍然生活在自己的小群体中。在被调查的 8 个部门中，只有第 3 和第 4 部门之间的交流较好，而第 7 和第 8 部门之间的交流几近于零，其余的部门似乎很少与他人分享信息。这些部门远非一个沟通流畅、高度协作的专业人员集合体，而更像是由一个个独立的小村庄组成的地区。他们只有在必须获得重要资源时才会产生联系。

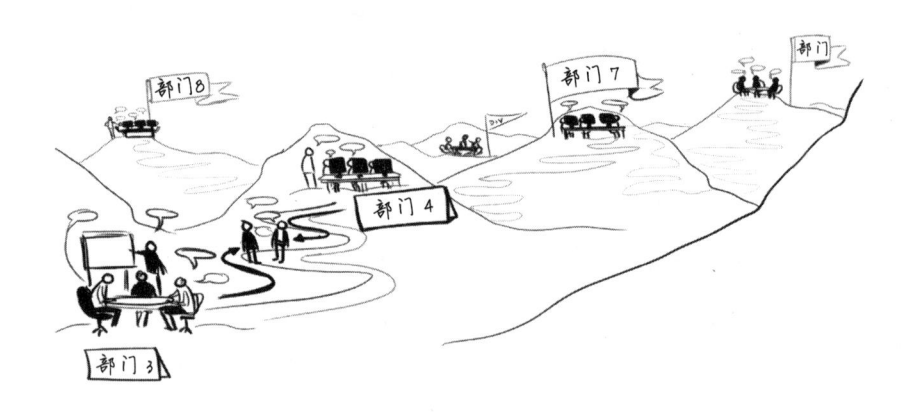

克罗斯及其同事后来的研究表明：在大型组织中，期望的合作行为与实际的合作行为之间的脱节几乎是普遍存在的。例如，全球消费电子公司兆伏（Megavolt）的领导者希望在提高质量的同时加快产品研发速度。为了完成这项任务，他们规定机械和电子工程师共同合作来开发一台轻量级的笔记本电脑，电气工程师还需要与软件开发人员合作生产多媒体硬件。然而，这三个团队彼此之间的合作并不和谐，他们生活在一座巴别塔中，不和谐的声音干扰了决策，并造成了大量的抱怨，导致任务失败，公司也因此错过了一个开发巨大市场的机会。在兆伏，信息会从工程师传到高级管理人员，但并不会传给其他工程师。高级管理人员高呼，"拆掉那些'竖井'"，但工程师们仍然被安全地隔开在旧墙内。

这是决策和工作流程的问题吗？不，这是一个文化问题。无论公司多么迫切地需要大集体为共同的事业团结起来，小团体都依旧安于他们长期建立的舒适区。

第一部分
法老、首席执行官与园丁

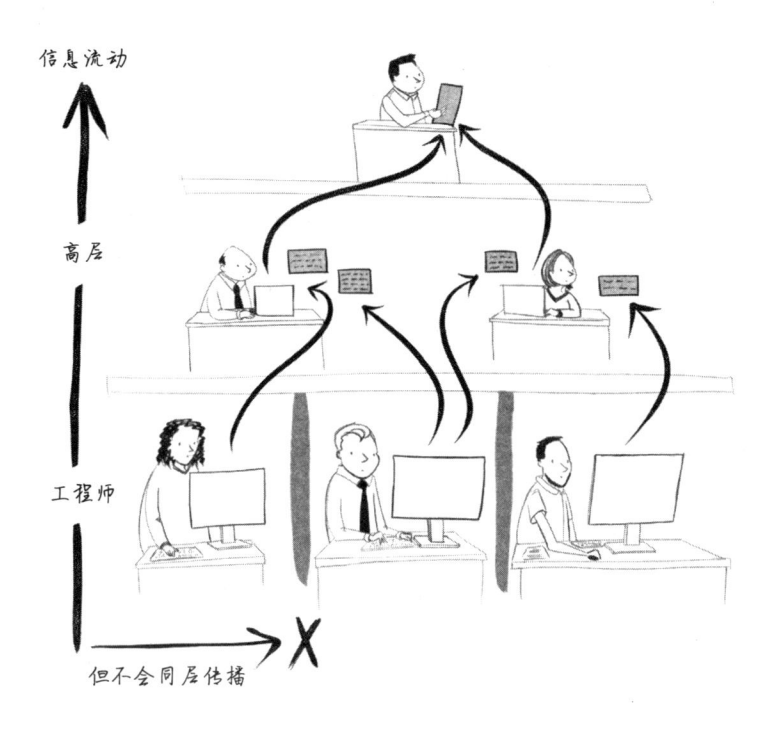

[图示：信息流动 ↑ 高层 工程师 但不会同层传播 ✗]

兆伏的领导者是在一个快速发展、竞争最小的时期从基层晋升上来的。现在，他们面临着前所未有的新挑战。任何进一步的增长都依赖抵御突发竞争的结果。虽然他们意识到了他们的工程师需要合作来迎接挑战，但由于他们给工程师施加了巨大压力，导致最终没有人愿意花时间拆除他们的"竖井"与其他工程师团队相互联系。各个工程师团队都已经开发了他们自己的工作方式，并且不打算接受陌生的方式与价值观。当一个工程师团队关心产品的用户友好性时，其他团队可能只关注产品的设计和便携性。一些工程师参与过多个项目，因此对公司的需求有更充分的理解，但大多数工程师一次只参与一个项目，他们保持狭隘的观点，对新的需求感到厌烦。

所有这些问题都扰乱了兆伏的战略。沟通有障碍成为常态，会议以惊人的速度举行，基本目标却被搁置，人们变得愤世嫉俗并且充满怀疑，这一将创新产品推向市场的运动跌入了文化裂缝。所有的小团队都停下步伐，开始指责另一个部门。他们无所事事，只是等待他人来解决这个问题。事实证明，新的组织结构图及其所有条条框框，都无法迫使人们跨越团队边界进行所需的合作。

如果你只专注于理想化的目标和策略，忽略了工作环境中自然发生的组织冲突，你可能就会发现你的凌云壮志变成了南柯一梦。你将汲取惨痛的教训：如果你处理不了合作与竞争之间紧张的关系，你就会很被动。所有这一切都始于与小群体之间的沟通。

保持联系

维多利亚的秘密[1]（Victoria's Secret）前首席营销官艾德·拉扎克（Ed Razek）曾为该公司的模特们设想了一个超凡脱俗的愿景。他把她们想象成"天使"，并将她们装扮成了有着双翼、轻盈灵动、千姿百媚的天使。在这场年度时装秀中，

---

[1] 维多利亚的秘密，美国一家女性内衣连锁店。——编者注

> 第一部分
> 法老、首席执行官与园丁

模特们穿着华丽，神采飞扬地走在T台上，《纽约时报》将其描述为"一种全球文化现象"。据维多利亚的秘密的母集团（L Brands）称，这家时尚公司代表了"一种令人向往的生活方式"，并帮助"顾客感受到性感、开放和自信"。正如《纽约时报》记者所观察到的，它"定义了数百万女性的女人味"。

"一大早醒来，突然发现工程师不懂营销，而管理人员也并不了解自己。"（BABEL INC.：巴倍陆网络科技有限公司）

但在现实中，模特们的世界却同此有着云泥之别。在光鲜亮丽的外表下，她们生活在一个肮脏不堪的世界中，在那里她们遭受性骚扰和性挑逗。这是两种截然不同的文化的故事：一种是光鲜的幻想世界，另一种则是"根深蒂固的厌女文化"。该公司前公关专家凯西·克洛·泰勒（Casey Crowe Taylor）评论道："作为一直以独立形象长大的女性，最让我震惊并气愤的是，这种行为观念是如此根深蒂固。许多人对这种虐待只是一笑置之，不以为意。这几乎同洗脑一般。任何试图对此做出改变的人都无一幸免，他们受到了惩罚。"

#MeToo运动[1]的兴起揭露了贯穿许多女性一生的一个事实：在太多的组织中，性骚扰是"家常便饭"。维多利亚的秘密的母公司和韦恩斯坦公司，这两家公司截然不同，但在最初的一波#MeToo丑闻浪潮中，它们的文化被曝光，它们具有一种相同的"毒"文化的特征——对女性遭受的冒犯和羞辱熟视无睹。正如媒体大亨哈维·韦恩斯（Harvey Weinstein）对一名受害者所说："这就是这个行业的潜规则。"听起来有些毛骨悚然，但这可能是实话。2020年2月，一位联邦法官以强奸和性侵的罪名判处时年67岁、曾是好莱坞最有权势的人之一的韦恩斯坦长达23年的监禁。至此，正义终于得以伸张。

值得称赞的是，维多利亚的秘密的母公司采取了正确的措施。维多利亚的秘密母公司的发言人塔米·罗伯茨·迈尔

---

[1] 指美国反性骚扰运动。

斯（Tammy Roberts Myers）在回答《纽约时报》的提问时表示，该公司"尤其重视工作场所的正当言行"。迈尔斯接着回答道："我们对未能实现预期目标深表遗憾，我们将全力以赴持续改进并全面问责。"

在这个肮脏但常见的厌女故事中隐藏着一个重要的文化教训。那些站在高层角度看待整体组织的人，很容易忽略那些身处底层的人的感受。有时，文化问题的产生是由于艾德·拉扎克和哈维·韦恩斯坦等少数带有"毒"文化的人物的行为。但是，当心怀善意的领导人无法团结隐藏在官方组织架构下的群体时，他们也可能导致文化问题。即使是心怀好意的高层领导，也会因为"高层视角"的存在而对自己眼皮底下滋生的恶性文化视而不见。

应用创新来解决正确的问题

人们喜欢在工作中创新，但这种优势若得到最大程度地发挥，也可能会造成一个无法忽视的错误。以富国银行为例，在那里，创造性地解决问题演变为道德不端行为的现象十分泛滥。这家银行创造性的交叉销售策略听起来很无厘头：向现有客户同时推销信用卡、汽车贷款和其他产品。毕竟，如果公司提供了很棒的产品，为什么不把它们推向每个人呢？又为什么不卖给顾客三种、五种甚至八种产品呢？该公司前首席执行官约翰·斯顿普夫（John Stumpf）向他的员工提出了战斗口号,宣称"八是伟大的",并迅速将其缩写为"Gr-eight"。该公司推行了一系列强有力的激励措施来实现这一目标。这似乎是一次非常明智的商业实践,但并没有考虑到这些举措之后会在组织中底层团队中演变激化,使公司产生一种道德受损的文化。

销售人员甚至会在没有咨询客户的情况下为他们设立信用卡账户,修改他们的抵押贷款,并设置新的汽车保险政策,甚至添加许多其他不道德的商业活动来增加从顾客身上获得的收入的数字。这一现象影响了数十万客户。最终,在2016年丑闻曝光时,斯顿普夫辞去了职务。三年后,他的继任者也相继辞职。诉讼爆发,这导致公司面临的罚款总额超过10亿美元。为了应对未来因该公司"虚假账户"事件而引发的索赔,富国银行又拨出了数十亿美元。但是,丑闻曝光后,该公司发现他们已经很难吸引新客户。事实证明,在领导人采取措施纠正后的很长一段时间内,"毒"文化依旧会留下印记。

富国银行出了什么问题?现在回想起来,一切似乎都清晰明了。可悲的是,这一切本可以防患于未然。富国银行的销售人员在沉重的销售任务面前感到了压力,而在缺乏明确其他同样重要的优先事项(道德和尊重客户的真实需求)必要性情况下,他们将不惜一切代价实现销售目标,以保住饭碗。他们做了每个群体都会做的事:他们制定了自己的生存策略。

富国银行的一名前员工描述了其公司堪称"残酷"的工作环境,这让人不禁想起大卫·马梅特(David Mamet)根据其获得普利策奖的戏剧《大亨游戏》(*Glengarry Glen Ross*)改编的电影中所描绘的"不惜一切代价完成交易"的文化。你或许记得那个场景：咄咄逼人的销售经理布莱克（Blake）[亚历克·鲍德温（Alec Baldwin）饰]对着一屋子愤世嫉俗却又惶恐不安的员工咆哮道："三个选项，A-B-C。A：总是；B：是；C：结束。永远关门，永远关门！你要么关门，要么砸砖头！"在富国银行，竞争相当于一种宗教，他可能会高喊："'伟大的八'！'伟大的八'！'伟大的八'！"

塞布丽娜·伯特兰（Sabrina Bertrand）当时是富国银行的一名私人银行客户经理，但她最终离开了这家公司并成为一名中学教师。她回忆说："总会有经理在我面前对我大喊大叫。来自管理层的销售压力令人难以忍受。"2015年的一项诉讼显示，洛杉矶销售区富国银行的经理向每位员工审查销售数据的次数惊人，"一天4次，分别在上午11点、下午1点、下午3点和下午5点"。一个穷途末路的销售代表会怎么做？事实证明，为了达到目标，她可以做任何事情。这不是一位受人尊敬的销售经理希望她的团队做的事情。但是，由于脱离了组织内部各个团队的日常生活，富国银行的领导层未能明白他们积极的销售愿景是如何转化为前线不惜一切代价搞销售的文化的。

避免因抽象而导致的管理不当

发现、理解和管理组织中的所有团队应该是你每天都需要注意的事情。这是一份艰苦的工作。你需要强迫自己慢下来，观察人们实际是如何执行那些表面上看起来合理至极的规章制度的，这需要下很大的功夫。策略如同"一加一等于二"的数学等式。然而，正如科学家尼尔·德格拉斯·泰森（Neil deGrasse Tyson）2016年2月在推特（Twitter，已更名为X）上猜想的那样，"当我们把人类行为代入等式时，事项呈现非线性排列。这就是社会学比物理学难的原因。"数学中的结论不会改变，但人类行为的后果却无法预料。每个人类学家都清楚，在真实的世界里，当真实的人解决现实的问题时，1+1往往小于0。

若将组织结构图视为一种算术，前面的一切便可以相加。然而，正如我们前面指出的：一个组织不是由一堆行和框组成的。这是一个庞大而混乱，并且有时难以预测的个人和团体组

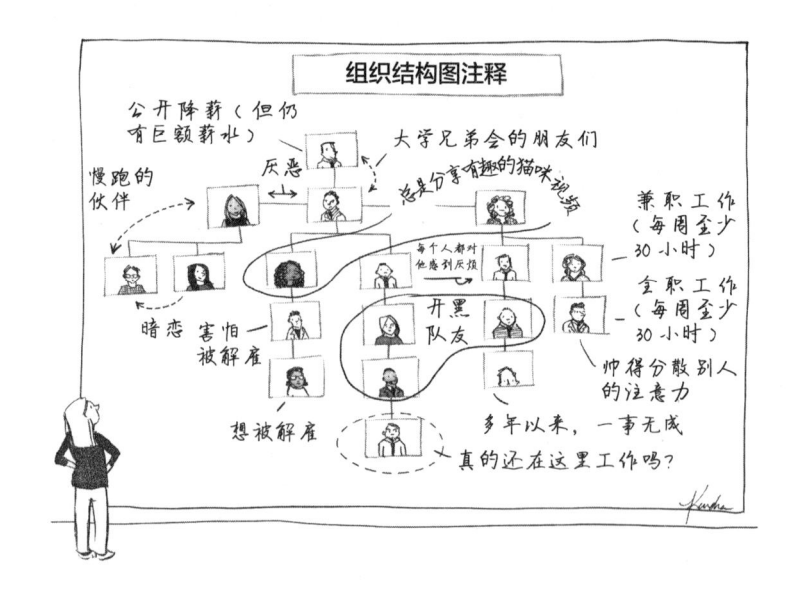

成的,他们并不与结构图中方正的盒子相匹配,也不遵循完美的直线。你必须避免对自己的组织看法过于简单化。与其从抽象的角度思考问题,不如着眼于组织结构图所描述的表层下的具体现实。结构图中的爱丽丝是首席财务官吗?她并非等式中的数字。她是一个古怪、自私自利、极其独特的人,她说着她会计部门的语言。那条显示爱丽丝向首席执行官汇报的线是什么?它并非完全笔直。当她与首席人力资源官和首席运营官(COO)在午餐时进行非正式的交谈时,她的态度摇摆不定。

如果你过于依赖数学上精确的组织结构图,你就会成为过于抽象而无法管理的牺牲品。这就像医疗事故,结果可能会害死你试图拯救的病人。曾经流行的开放式办公模式(新冠疫情的受害者)表明,抽象的管理可能会产生意想不到的文化后果。当你采用开放式办公模式时,你拆掉了所有的墙壁,企图用这种方式加强人们之间的沟通,这样他们就能更自由地分享想法,更好地去创新,更有利于团队合作。多好的主意啊!但纵观研究这一现象的文章,你就会发现一个令人担忧的负面影响。《首席信息官》(CIO)杂志上的一篇文章调侃道:"如何让开放式办公模式不那么糟糕?",而Inc.com网站上的另一篇文章则宣称:"开放式办公模式让工作场所更加令人厌烦。"如果开放空间真的是个好主意,那为什么它的评价会这么糟糕呢?它又是如何导致办公环境令人厌烦的呢?答案是,抽象的想法在图纸上呈现时让人感觉不错,但当你将人代入等式时就不那么理想了。人们共同努力并渴望得到相应的回报,但事实证明,仅仅开放空间并不会自动满足这些条件。

想象这样一个场景。约瑟(Jose)坐在办公桌前,聚精会神地写一份下午3点要交给老板的报告。他的队友万达(Wanda)就坐在几英尺[①]外,正在电话里对一个未能按时交付零部件的供应商大喊大叫。约瑟的老板冯达(Vonda)突然拍了拍他的肩膀,问他是否可以和他谈谈有关客户投诉的问题。约瑟的大脑开始嘶嘶作响。人们为了取得成果而拼命工作所发出所有的喧嚣,都让他头痛。正处于头痛中的人则很难集中精力去完成工作。在两家财富500强公司中,领导者强制拆除工作隔间而创造出广阔的开放式办公空间,结果却并未好转,甚至更加糟糕。这是为什么?员工之间面对面交流的欲望并没有像预期那样增长,反而下降了70%。

两名分析了这一现象的研究人员得出结论:在开放空间工作的员工往往会建立出"第四堵墙",即假想出一种类似剧院将表演者与观众分开的幕布。这道心灵之墙创造了"公众孤独",使员工能够在其他人在场的情况下集中精力完成任务。随着时间的推移,第四堵墙在人们的心目中逐渐变得像真正的墙一样具体。正如研究人员观察到的那样:"如果有人在专心工作,人们不会打扰他;如果有人正在交谈,而同事向他投来了一个不耐烦的眼神,他就会自觉噤声。尤其是在开放空间,第四堵墙的存在会迅速传播。"换句话说,在没有实实在在的隔

---

① 1英尺 = 0.3048米。——编者注

离墙的情况下，人们会为了完成工作而建造起心灵之墙。

许多组织急于拆除办公室里的墙，这为抽象管理不当（mismanagement by abstraction）的研究提供了很好的案例。尽管拆墙可能是一个令人钦佩的想法，但打破"竖井"的努力表明：组织的领导者认为他们的员工是组织结构图上可以移动的盒子，而不是许多有个人特点、习惯及抱负的活生生的人。开放式办公空间计划还做过这样的假设：如果一个想法在另一个组织中有效，那么它也必须在你自己的组织中有效。抽象管理不当的实践者们忽略了人与人之间的文化差异，更不用说驱动文化差异的力量了。如果领导者忘记了团队总是会制定自己的策略来完成任务，并创造一种在他们特定的小空间中有效的独特文化，那么他的计划只是纸上谈兵。领导者和员工之间这种普遍的脱节情况会逐渐形成一种"毒"文化，在这种文化中，人们习惯性地抵制并微妙地破坏从金字塔顶端设置的愿景，这些愿景与实际工作的方式几乎没有相似性。

看透组织结构图

如果你是一名领导者，需要在持续的压力下交付组织所需的成果，你就可能会花大量的时间和精力来制订在纸上看起来很出色的高层计划。"来，史密斯坐在这里，"你对自己说，"琼斯坐在这边，马丁内斯坐在那边。这条直线是指挥系统。"但倘若真的如此，就说明你没有仔细考虑团队合作和竞争之间的紧张关系。要想理解这种自然的张力，你需要看透组织结构图背后的情况。

众所周知，人们并不总是喜欢舒适地待在他们被指定的地方，也不总是始终遵循严格的通信线路。在现代的工作场所中，你需要不断地想办法完成工作，尽管管理是抽象的，这给在现代工作场所工作的人带来了很大的压力。这可能导致一种平民形式的创伤后应激障碍（PTSD）。回想一下我们在本章开头遇到的瑞恩和贾里德，他们在回归平民生活后情绪异常低落，他们觉得在家乡的生活没有在战地的生活有人情味。

虽然人们在工作中经历的挣扎很难与创伤后应激障碍的悲惨后果相比，但抽象管理不当所造成的脱节和破坏的副作用可能是相当有害的。这就是《大西洋月刊》（*Atlantic*）的作家乔·平斯克（Joe Pinsker）所说的"周日恐慌"。当周日的晚上到来的时候，你可能会因想到周一早上要长途跋涉回去工作而感到不寒而栗。30岁的亚历克·伯克斯（Alec Burks）是西雅图一家建筑公司的项目经理，他对这种感觉深有体会。"（这就像）是宣判自由的终结。12小时后，我就会回到我的工作岗位。有时候，你不得不先忘掉你的身份，来适应你所描述的工作模式。"

情况最糟糕的莫过于，因感觉被困在办公室而产生严重的心理健康问题。富国银行的银行家安吉·佩登（Angie Payden）描述了离谱的销售目标对她心理健康的影响："我开始恐慌起来，这是我以前从未有过的……几次之后，我再也受不了了。

我看了看浴室里的洗手液，心想，这里面有酒精。这可能会奏效，确实如此。"

对佩登（Payden）来说，抽象管理不当的副作用蔓延到了客户身上，他们成了销售图表上无人格化的盒子。"如果每天都有人来银行……问题是，我不想帮助那个人。我不能让那个人在我的办公室里待一个小时，因为我从他们身上得不到任何东西。"

如果你不充分尊重人类在工作场所的基本需求，只是一味地方枘对圆凿，组织将永远无法实现其战略目标。如此多的组织已饱受这种疾病的困扰：参与度不高、士气低迷、缺乏目标、迷失方向、业绩不佳。但有一个行之有效的治疗方法：你必须跳出自己的思维定式，与他人建立联系。

过去30年来，在我们研究过的几乎每一个组织中，都存在着文化鸿沟。这些鸿沟将高层与组织结构图下方的部门、单位和团队分隔开来。无论大小，这些鸿沟无一不是源于高管们秉承的文化与员工们用来描述日常工作经验的词汇和短语之间的差异。这种鸿沟就像安徒生童话和斯蒂芬·金（Stephen King）的恐怖故事之间的鸿沟一样难以跨越。这是个坏消息。**好消息是，尽管合作和竞争之间与生俱来的紧张关系永远无法消除，但是你可以采取措施来改善它。**

首先，你必须将那些在纸上看起来不错的抽象概念放在一边，然后将它们与组织中日常工作的实践联系起来。专家四处走动，写了一本有关管理的艺术的书，在镇民会议上，人们可以表达他们的担忧、提出问题、揭示他们对政策和程序的不满,以及其他拉近领导和员工之间差距的技巧。但无论你选择哪一种方法,你都需要在应用时保持诚实、客观和谦逊。

尼克·巴塞特(Nick Basset)深知这一点。巴塞特是山间医疗保健公司(Intermountain Healthcare)人口健康的执行董事,该集团如网络般覆盖了犹他州、爱达荷州和内华达州,创办了医院并聘请了健康专业人员。他实践了该组织"帮助人们过上尽可能健康的生活"的承诺。他和他的同事非常注意不让抽象的指标影响到他们和公司有血有肉的员工之间的关系。

以治疗腰痛为例。研究表明,在没有任何积极干预的情况下,这种疼痛通常会消失,而药物和手术实际上会使病情恶化且增加成本。作为回应,山间医疗保健公司的高级管理人员设定了一个宽泛的目标:限制不必要的治疗,并开始追踪医生在患者报告问题后是否至少要等待四周才能进行积极治疗。这是一种度量方法,这很好。但它本身也可能造就一种结果,即鼓励医生不考虑病人的特殊情况和需求,推迟所有对下腰痛的干预措施。就像富国银行的"八是伟大的"一样,它冒着把病人当作报告上的数字来对待的风险,非常容易被滥用。为了避免这个问题,巴塞特让医生们制定更具体的目标,并设计了一套促进正确行为的激励措施。该公司不但将限制不必要治疗的宽泛目标与山间医疗保健公司提供高质量低成本护理的高水平策略达成一致,而且该策略允许与实际从事工作的人进行深入讨论。布雷特·缪斯(Brett Muse)是参与制定该策略的一名医生,他评论道:"当我走到医生面前,把数据扔给他们时,他们显得有些心不在焉。"相反地,他继续说:"这是一个涉及医疗质量的问题,让我们试着解决这个问题。顺便说一下,这里有一些数据可以让我们看看我们做得如何。"

在山间医疗保健公司,医生建议 80% 的腰痛患者在接受积极治疗前等待 4 周。该百分比表明,只有 20% 的患者可能需要立即干预。通过缩小领导希望员工接受的文化特征与医患接触点实际发生的情况之间的差距,山间医疗保健公司避免了抽象管理不当带来的意外和潜在的破坏性后果。

换句话说,巴塞特和他在山间医疗保健公司的同事们超越了组织结构图上的条条框框,结识了那些每天都在做着实际工作的人。在下一章,你将了解到有多少其他领导人将拥护强大、充满活力的文化的方式与他们的员工联系在一起。

关键要点

- 平衡竞争与合作的本能。
- 接受团体冲突的事实。
- 与公司的各个部门保持联系。
- 运用创新来解决正确的问题。
- 看透组织结构图。

第三章 园丁的信条：推动组织成功的四股力量

叮！叮！叮！

早上六点，托尼·谢家华（Tony Hsieh）刚陷入沉睡，就被手机闹钟铃声吵醒了。他叹了口气，关掉闹钟，然后倒头接着睡。20分钟后……叮！叮！叮！闹钟再次响起。他迅速瞥了一眼屏幕，自己可以在床上再躺一会儿。打了三个盹后，他不情愿地爬下床，开启了新的一天。

谢家华回忆起那个阴冷的早晨，他说："我上次打这么多次瞌睡，还是在我不想去甲骨文（Oracle）工作的时候。历史再次重演。"几年前，在甲骨文成为世界第二大软件公司之前，谢家华一直在监管当时羽翼未盛的甲骨文业务的发展。在那里工作了一段时间后，他离开了公司，去追求他梦寐以求的工作。他与大学时的朋友——甲骨文前雇员桑杰·马丹（Sanjay Madan）共同创立了网络广告公司LinkExchange[①]。很快，如谢家华所描述："我置身于童话中。"

[①] 在线广告平台。——编者注

第一部分
法老、首席执行官与园丁

在创办 LinkExchange 的早期,谢家华每天都会迫不及待地从床上蹦起来,然后从旧金山的公寓漫步到市中心的办公室。他喜欢这家初创公司为数不多的员工之间那种充满活力的"人人为我,我为人人"的同事情谊。随着时间的推移,这家公司在芝加哥和纽约开设了办事处,原来的小圈子也扩大到了 100 多人。但与此同时,谢家华却觉得那种美好的感觉正在悄悄溜走。"我觉得现在越来越没趣了。"他说。

只有继续工作,一直向前走,他才能回顾并评估他的工作状态到底发生了什么变化。这个童话故事并没有在某一时刻变质,他很快意识到,"人人为我,我为人人"的梦想文化已经堕落为"人人防备人人"的噩梦。正如他所描述的那样,"这更像是被一千张纸割伤而亡。"

最后,他"决定远离这场闹剧"。谢家华将 LinkExchange 卖给了微软(Microsoft),并将这笔巨额收购资金投资于在线鞋业销售平台美捷步(Zappos)。不久之后,他成了这家公司的首席执行官。几年后,亚马逊斥资 8.5 亿美元收购了这家公司。在这个过程中,谢家华重获了童话般的生活。他最新的快乐源泉是他在 Zappos 建立的文化,一种轻松、充满活力、充满力量的工作环境。在这种环境中,你会感受到如同身处一家斗志昂扬的初创公司般"人人为我,我为人人"的氛围。

在谢家华的领导下,Zappos 多年来一直追求着一个明确的目标:"生活并创造 WOW"。这种充满活力和惊讶的表情就像给干渴的花园浇水一样滋养着员工和顾客的心灵。所有新员工，无论有着什么头衔或在哪个部门，刚入职的前几周都会在客服中心度过。他们需要与客户交谈，认真倾听他们的抱怨。这种体验激励了他们全力以赴去实现公司的服务宗旨，这让每一位顾客都为之折服。举一个典型的例子：一位专门负责服务的代表买了一张机票，为的是亲手将一件昂贵的珠宝递给客户，因为这位客户的丈夫之前无意中将其与退货商品打包在了一起。

可悲的是，当谢家华在2020年年中离开公司时，他很难在个人生活中保持这种使命感，几个月后就去世了。我们认为，尽管谢家华最终并未坚持到底，但人们会汲取他照料美捷步花园的经验。作为一名管理者，他从未陷入我们在第二章中讨论过的抽象管理不当这种愚蠢行为，这种愚蠢的行为过于常见，即通过下达命令来完成解决文化难题的任务，然后期待一个出色的组织如同魔法一般从天而降。

你可能会问，园艺与文化建设有什么关系？这是一个便于理解的比喻。四种力量塑造你的文化，就像土壤、水和阳光一样各司其职，创造并保持了一个繁荣且多产的花园。无论是监督一家初创企业、非营利企业、产品开发团队，还是一家上市的全球企业集团，细心周到地照料文化花园都是你的第一要务。郭士纳（Lou Gerstner）在20世纪90年代重振了日暮途穷的美国国际商业机器公司，他说得很好："文化不是游戏的一部分，它就是游戏本身。"

本章我们将探索谢家华和其他领导者是如何作为园丁为他们的组织服务，并且利用四股力量促进员工全面参与、持续学习、激发他们的热情,来为企业的成功而奋斗的。

像园丁一样做领导

你可能会认为美国军队一直保持着一种自上而下、不屈不挠的文化,但斯坦利·麦克里斯特尔(Stanley McChrystal)将军在伊拉克的领导却表示并非如此。作为一名职业军人,麦克里斯特尔在2003年至2008年负责监督美国陆军的联合特种作战部队(the U. S. Army's Joint Special Operations Task Force,简称TF)。联合特种作战部队的任务是在伊拉克数百条城市街道上打击恐怖组织基地。起初,行动陷入了困境。传统战术无法灵活地应对由不断变幻的网络化作战单元组成的非传统对手。麦克里斯特尔认为,他的组织需要改变并且迅速地改变其运行方式。麦克里斯特尔明白这是一种文化挑战。他陷入了思考:如何才能取代根深蒂固的跟风文化,让前线的军官在常规指挥系统之外迅速适应街头的战斗条件?

答案并非来自麦克里斯特尔在战场上的经历,而是来自他的母亲。麦克里斯特尔记得母亲像拿破仑一样管理着他童年的家。这位未来的将军在堪萨斯乡下的一所红砖房子里长大,那里有一片田园般的草地。他曾仔细观察过母亲在花园里的行为。虽然麦克里斯特尔自己并不在花园里辛勤劳作,但他说:"我确实在观察和学习。"多年后,他的经历让他萌生了一个重要的想法:"我开始把领导力视为一种类似园艺的东西。"

回想起母亲是如何分配她珍爱的蔬菜，他发起了一项重大的文化变革倡议，旨在提高联合特种作战部队的效率。具体来说，他运用了他从观察他母亲在花园里工作中学到的三个经验和教训：

- **花园的设计必须适应变化的条件。**你必须在干旱时浇水，清除威胁作物生长的新生杂草。
- **园丁是主要的守卫。**从看不见的微生物到造成破坏的野生动物，你必须警惕每一种威胁。
- **园丁仅种植植物是不够的。**你必须创造合适的环境，一个促进生长并带来丰收的环境。

麦克里斯特尔指挥伊拉克战争的最初几年战局浮沉不定，在巨大的压力下，他回忆起了这些普通的经验和教训。这些原则似乎比他几十年前在西点军校当学员时学到的更有意义。在那种等级森严的文化中，他受到的训练是"给出正确的答案"，并且"满怀信心地回答"。但在伊拉克，他说："照料花园成了我的主要责任。"

一位优秀的园丁不会揠苗助长，因为他知道花园里的植物时刻都在变化和生长。他不会下达死板的命令，而是营造让植物、花卉和蔬菜茁壮成长的环境。麦克里斯特尔认为，一位优秀的领导者会注重细节，例如，向员工表明自己的深切关怀，并通过日常对话鼓励他们，获得反馈。就像他会强调在现场勘查并提供最新消息的分析师的名字。他总是会在汇报结束时问

第一部分
法老、首席执行官与园丁

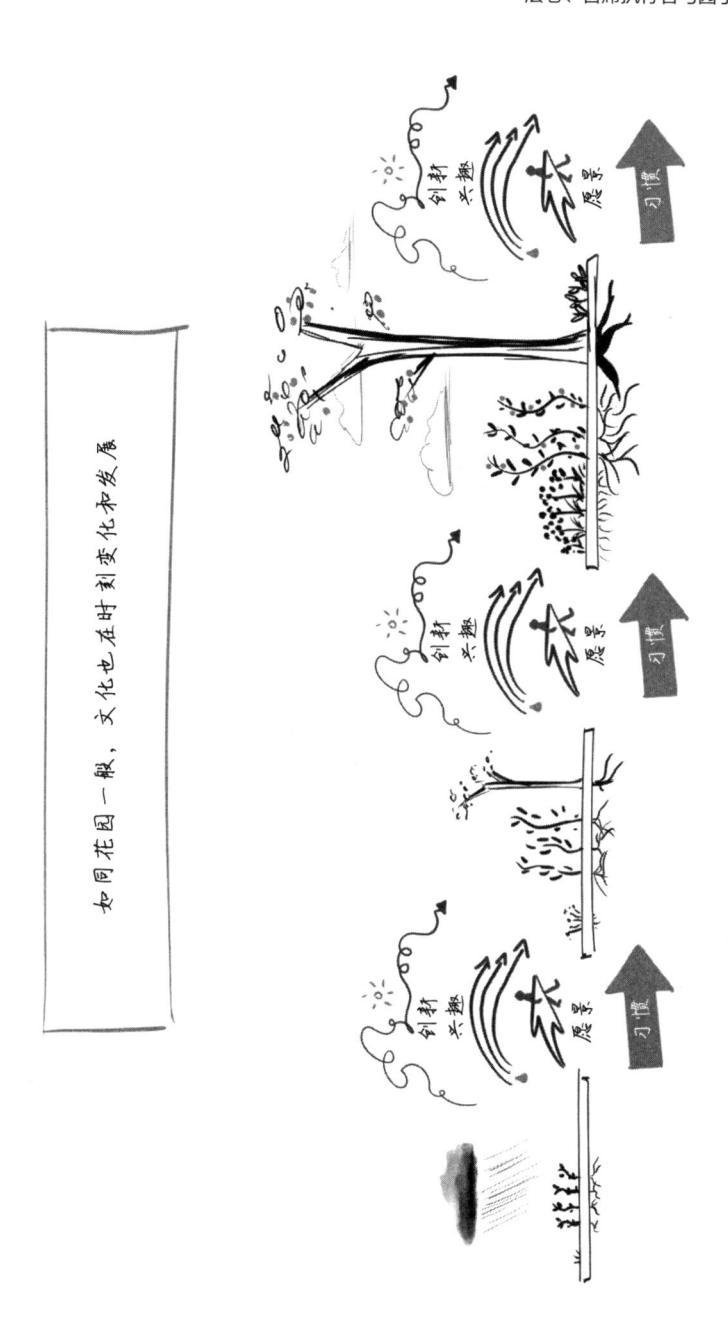

如同花园一般，文化也在时刻变化和发展

汇报人一个问题，即使他已经知道答案。他解释说："我想表明我在认真听讲，并以此让他们觉得他们的工作很重要。"

尽管谢家华在远离巴格达指挥中心的地方成长为一个成熟的老板，但他对自己角色的看法却与园丁惊人地相似。谢家华在接受《纽约时报》亚当·布莱恩特（Adam Bryant）的采访时回忆了自己领导的哲学。他说："也许我们可以打个比方，如果你把员工和文化看作生长的植物，我并不想让他们长成我所向往的最大的植物。我更想建造一个温室，让它们都能茁壮成长。"

回想一下我们的老朋友阿肯纳顿如何在他的太阳神宝座上把他的想法强加于他的臣民。他粗暴的领导风格丝毫没有展现出园丁或温室建筑师为这项工作所带来的智慧：

太阳神与园丁的对比

太阳神	园丁
指定正确的思考和行动方式	使人们能够主动思考和行动
禁止偏离所制定的路径	随机应变
下达命令	集思广益
认为个体的差异是个问题	将差异视为财富
相信自己的绝对正确性	不断倾听和学习
永远不会走下神坛	到群众中去
法官和命令	包容和谦逊
降低了文化的重要性	运用文化的力量

第一部分
法老、首席执行官与园丁

《农民年鉴》(*Farmers' Almanac*)是一本源于民间智慧，有关自然世界的概要记录，自18世纪后期开始每年出版。据《农民年鉴》的记载，园丁们应该注意节气的变化，注意播种番茄种子或收获辣椒的时机。根据我们的经验，明智的领导者对环境也表现出类似的敏感性。乍一看，组织文化像是一片混乱的荒野。在正式的组织结构中，小团体和组织似乎是随机出现的。有时团队之间相处和谐，有时却面临崩盘。伟大的想法和高效的人在组织中充分展现，但在其他地方，心怀不满的懒散者也会不合时宜地冒出来。文化变得好似一团乱麻，这是因为我们在第二章中描述的竞争和合作之间的紧张关系导致它不断发展和变化。但是，与自然界一样，文化也遵循某些可预测的规律。

我们花了几十年的时间在世界各地的小村庄和大企业中观察这些文化模式。我们学习了四股力量如何在各个团体、组织或社会中始终如一地塑造文化。伟大的文化建设领导者知道，你永远无法设计文化，因为试图像太阳神一样控制它只会使其中途土崩瓦解。你不能为了让植物长得更快而对它们大吼大叫。但如果你了解四股力量是如何运作的，你就可以培养一种成功的、可持续的文化。你可以作为一名园丁，在耕耘的同时应对天气、气候和环境的变化。或者，换句话说，你可以用经营花园的方法来解决文化难题。

把四股力量想象成水、土壤、阳光和使花园健康、多产所需要的园艺技能。没有水，你的花园会变得干枯苍白；有了

水，茂盛的根才能深入土壤。没有阳光，娇嫩的植物会枯萎死亡；有了阳光，植物才能生机勃勃。同样，令人满足的利益能够创造一个敬业的劳动力，根深蒂固的习惯能够促进稳定，不断地创新能够滋长更新。那么谁来创造愿景呢？这就是园丁的技能发挥作用的地方。我们喜欢用园丁的信条来表达这个观点：

园丁的信条

我会经营我的花园，使所有的植物都茁壮成长。（愿景）

我会提供生命所需的水。（兴趣）

我会耕耘土壤，滋养茂盛的根。（习惯）

我会确保充足的阳光。（创新）

第一部分
法老、首席执行官与园丁

现在,让我们来看看花园的比喻和园丁的信条是如何帮助你在组织中创造和维持一个伟大的文化的。

带着远见设计你的花园

与其他动物不同的是,我们是拥有文化的生物。但我们和文化谁才是主导方呢?是文化操控着我们,还是我们努力去设计它?花园的领袖——园丁会选择合适的植物种类,将种子放在适当的位置,并为其提供生长所需的所有条件。但明智的园丁不会像控制欲极强的神明一样行事。他们对植物做出回应,满足它们的需求,帮助它们成长,并适应环境的变化。做到这些需要善于倾听。如果你想了解你的文化,那么请留意人们讲述的他们工作的故事。

可悲的是,一些霸道的领导试图践踏组织几乎所有其他人的参与性和创造力,让其他人几乎失去话语权。埃德里安娜·米勒(Adrienne Miller)的经历说明了这点,她的回忆录《人的国度》[①](*In the Land of Men*)记录了她在纽约出版界精英圈子里的职业生涯。米勒曾供职于一度很热门的男性杂志《GQ》,为阿特·库珀(Art Cooper)工作。阿特·库珀身材高大,喜欢弗兰克·辛纳屈(Frank Sinatra)的音乐、多杯马提

---

① 书籍名自译。——译者注

尼午餐，也喜欢抽烟。在20世纪80至90年代，库珀帮助该杂志从一个局限于在服装行业的杂志社转变为一个刊登前沿小说引领文化潮流和时尚的平台。他的领导哲学可以归结为一句话："做不了就卷铺盖走人！"

米勒将她与库珀的互动描述为"可怕"。在他们第一次见面时，米勒坐在他对面的办公室里，凝视着墙上奢华的表现主义绘画及玻璃窗展示的钢笔，这些钢笔"看起来就像涂了油漆的小导弹"。这里的每一个细节都在她脑海中加深了一个印象："在这里他就是国王。"当库珀询问米勒入职杂志社的最初阶段过得怎么样时，她回忆到，她的"思想变成了一个废弃的游乐园"。这位聪明、受过高等教育、时刻保持自信的女人后来成了《时尚先生》(*Esquire*)的编辑，对此她只能蹦出一个词语："太好了。"

这则轶事说明，一个具有控制欲的霸道领导者可以隔断文化空气，甚至扼杀组织中最聪明、最有能力的人。这样的领导者的做法可能会成功地扭转失败的局面，但他们"如果你不按我说的做，你就会丢饭碗"的态度从长远来看是行不通的。像库珀这样的现代太阳神会把员工"赶尽杀绝"，他会耗干员工的思想和动机，最后只能统治一片贫瘠不堪的土地。

比较一下这种不以为意的风格与园艺大师的倾听者风格。自称"一问三不知"的艾琳·费雪（Eileen Fisher）用不足350美元以自己的名字创办了一家服装公司。她将它打理得非常好，到2020年，这家公司的估值已经达到了2亿美元。她坦

第一部分
法老、首席执行官与园丁

率地承认自己也会犯错。她说:"我从未想过要成为一名服装设计师。""我总是感到不舒服,所以我想要舒适的衣服。"因此,她买了一台缝纫机自己动手做衣服。在她看来,"这简直'惨不忍睹'"。然而,公司却最终发展到了她考虑将其上市的程度。"但是,",她回忆道,"这似乎太复杂了。"

费雪可能对很多事情不甚了解,但她知道如何培养一种共同的愿景,从而创造出充满活力的公司文化。受《圆圈之路:每把椅子上都有一位领导者》[①](*the Circle Way: A Leader in Every Chair*)一书的启发,费雪召开会议的特点是鼓励人们畅所欲言。大家围成一圈,会议开始前会保持片刻安静,以便集中注意力。然后,他们便开始了一场旨在让每个人都能够发言的会议。有时,参加会议的人会把一个镀金的葫芦递给希望发言的人。这种简单的仪式使每个人都赢得了尊重,并鼓励在座的每一个人都去认真倾听。一位女士在谈到拿着葫芦的感受时,说道:"我觉得轻松多了。我感到谦卑。"1999年,费雪开始与组织发展顾问苏珊·肖尔(Susan Schor)密切合作,肖尔最终成为公司人力和文化部门的负责人。肖尔和她的队友帮助推动了这种"圆桌会议"。他们的行为"像治疗师一样",费雪观察到。她大方地承认了自己有30年的治疗史。

肖尔是在她的同事们称为"艰难时期"的时候崭露头角的。虽然这家利润丰厚的公司让费雪成为一位富有的女性,但

---

① 书籍名自译。——译者注

她还是决定聘请一位首席执行官，以满足费雪所说的"对更多结构的需求"。不过，这一举措吸收了一些推动公司取得巨大成功的关键因素。肖尔将新环境描述为"更具公司化、层级化、协作化和关怀化"。费雪本人并没有贬低这位新任首席执行官。"他是一个可爱的家伙，（但）这是由某人来指挥行动的旧模式。人们会问我：'当他告诉我们应该如何去做时，我们必须按照他的说法行动吗？'"

答案是否定的。这并非费雪的方式。她知道自己是对的，所以她从不喜欢告诉别人该做什么。她更喜欢创造一个让每个人都会为公司愿景做出贡献的环境——共同寻找一个公司发展方向。负责沟通的副总裁希拉里·欧德（Hilary Old）是这样说的："我们尝试使用这种与众不同的领导方式，让领导的作用仅仅是推动这个过程，这样整个团队就可以在房间里一起出谋划策了。"

为了说明她对合作过程的偏好，费雪援引了花园园丁的形象。"我知道创办公司的想法在某种程度上源自我，但它超出了我的能力范围。我种下了第一颗种子，现在我环顾四周，看到了一个神奇的花园，但我只是一个普通人。"

正如"一问三不知"的艾琳·费雪一样，斯坦利·麦克里斯特尔明白他也并非通晓万物。为了确保他的下属获得发展一种新的竞争文化所需的空气，麦克里斯特尔依赖行动和情报（O&I）简报。麦克里斯特尔并没有发明 O&I，军官们举办这样的会议已经有几十年了，但他确实将其转变成一种培养无等级、协作文化的方法，引入了他所谓的"大声思考"。他会回放他刚刚听到的关于该领域最新形势的信息，然后分享他关于各种应对措施的即时想法。他没有发出命令，而是分享了他所谓的"逻辑线索"。他这样做了之后，会立刻邀请他的下属分享他们自己关于采取行动的初步想法。这种互谅互让通常能包容一些看似愚蠢的问题，但这些愚蠢的问题又通常会带来明智的见解。"公开承认'我不知道'会被体谅，甚至会受到赞赏。"他为有效决策的蓬勃发展提供了空间。"O&I强化的总体信息是，我们遇到一个只有我们才能理解和解决的问题。"

哪一种文化更能激发你的灵感？是太阳神用铁腕统治，高高在上地发出命令（做不了就卷铺盖走人），还是一位园丁邀请其他人创建一个共同的愿景，并和团队中的人们共进退？费雪和麦克里斯特尔避免了指挥和控制与命令，带来了一些与组织中的人员一起创业和工作的故事。他们的"花园"生机勃勃。

浇灌内心深处的需求来满足利益

正如我们在第一章中讨论的，每个人都在试图满足一些基本需求：得到深厚且能获得回报的关系、令人满意的工作及维持尊严。当工作带来满足感时，人们会全力寻找实现组织愿景的方法。他们热情地与同事合作，努力工作以取得成果，并最大限度地发挥创造力来解决问题。园丁通过了解组织中不同的组织如何满足他们的基本需求来挖掘兴趣。园丁们通过感同身受的方式，激发合作本能，并化解了导致破坏性内斗的竞争冲动。

生活之乐（Joie de Vivre）酒店公司的创始人奇普·康利（Chip Conley）和哈佛大学心理学家蒂莫西·利里（Timothy Leary）之间关系的故事，为我们提供了一个有关差异的好例子。利里是20世纪60年代的头号"迷幻药大师"，被尼克松总统称为"美国最危险的人"。至少可以说，这两个人不太可能成为伙伴。20世纪80年代，奇普还是斯坦福大学的本科生，他作为专业团队的一员留下了自己的印记，并留校获得了工商管理硕士学位，然后在投资银行摩根士丹利当学徒，并将自己定义为"宇宙级资本主义大师"。另外，利里退出了激烈的竞争，转向了另一种不同的氛围。利里放弃了资本主义，转而在技术色彩药物增强的景观中徘徊。在那里，他致力于在麦角酸二乙酰胺（LSD）[①]和其他精神活性物质的帮助下探索自己的内心宇宙。

尽管他们的生活方式有着巨大的差异，但两人却意外地亲密起来。在这段看似敲冰求火的友谊中，有一次他们坐在游泳池旁，谈论着各自的经历。当28岁的康利沉思着开辟新市场时，利里听到了他的心声。康利想在旧金山一个穷困潦倒的社

---

① LSD，一种强烈的半人工致幻剂，在中国被列入精神药品管制目录。——编者注

第一部分
法老、首席执行官与园丁

区开一家成功的精品酒店。在20世纪80年代末,这家酒店已经成为崭露头角的摇滚音乐家的首选目的地,比如西尼德·奥康纳(Sinead O'connor)和考特尼·洛夫(Courtney Love)。在利里看来,康利这次开辟的新市场与外界对他的期望相去甚远,因为他本可以在华尔街发家致富。留意到康利对管家的热情,利里评论道:"你选择了一条自我实现的道路,并且看起来你也在努力为身边的人创造自我实现的机遇。"然后他低声说:"如果我的一些朋友听到我这么说,我可能会被枪杀,但商人可能是最有潜力让世界变得更好的人。"

康利最终以数百万美元的价格将自己的公司卖给了一家风险投资公司,并自诩为"摩登长老",帮助他人在晚年找到自己的人生目标。利里发现,康利的方法尊重了人们对爱、认可和成就的基本需求。在文化方面,即使是不落俗套的利里也明白,正确的业务和正确的领导即正确的文化,远比意识和药物更能满足人们最深层次的需求。利里的赞美之词引起了康利的共鸣,他最终成为一名传教者,宣扬这样一种观点:商人有独特的能力帮助他人实现他们最远大、最重要的抱负。他走上了园丁之路,并且心中很明确:商业必须满足人类对成长和成就的渴望。

在成为"摩登长老"的道路上,康利花费了数年的时间在世界各地的会议上与各界商人交谈,并将他在"生活之乐"学会的东西提炼成了以下一些基本准则:

- 伟大的公司不仅会给员工一份工作,还会给员工一种使命。
- 如果一家公司只满足客户的最低需求,那么它的客户将流失到超出客户预期的竞争对手那里去。
- 一个公司的文化必须帮助员工达到一定的水平,甚至是达到员工都未曾料想过的水平。
- 领导者首先是公司情绪管理的首席调节员。

在我们看来,你可以把这些原则归结为一个笼统的理念:虽然大多数公司的文化都围绕着这样一个核心理念:人们主要(不是完全)被对利益的渴望所激励,但最成功的公司不仅满足了这种渴望,还满足了做有意义、有成就感的工作的需要。换句话说:"春种一粒粟,秋收万颗子。"

皮克斯公司的联合创始人埃德·卡特穆尔(Ed Catmull)也通晓园艺技术。在制作了包括《玩具总动员》(*Toy Story*)、《超人总动员》(*The Incredibles*)和《多莉去哪儿了》(*Finding Dory*)等一系列热门电影之后,卡特穆尔和康利、费雪、麦克里斯特尔及其他成功的文化建设者一样,找到了一种挖掘兴趣的公式,以此激发公司各个团队最佳的思考。这涉及"智囊团"。这是一个简单的想法。在电影开发的早期阶段,导演会与其他导演、编剧一起共进午餐,他们一同观看初版电影,并提供反馈。每个人都能"吃饱",无论是字面意义还是在其他方面。接下来,卡特穆尔推行了一系列措施,比如参与者必须提供建设性的意见，回应他们的改进建议，而不是一味地要求改变；人们需要在这些会议中感到自然。注意，这些方法与康利满足人们基本需求的想法十分吻合。一分耕耘，一分收获。

请注意，我们描述的不同的园丁领导者使用论坛来挖掘兴趣的类似方式。艾琳·费雪建立了圈子，使她的员工能够表达他们最深切的感情。麦克里斯特尔的O&I简报经常通过Skype进行，这是一个允许人们畅所欲言的虚拟空间。这些论坛为各位领导提供了真正推动员工前进的宝贵见解。提供人们表达需求的机会就像传递一壶美酒，邀请其他人一同畅饮。很多人整天都在开会，难免感到口干舌燥。此时如果园丁提供了水源，就是保证了植物的健康。当整个组织所有不同的团队都这样做时，就将建立起一种联盟，并以深刻的方式改变一种文化。

用良好的习惯呵护根部的健康

习惯如同土壤一般塑造稳定。一个组织的习惯和惯例产生于它的历史、它的仪式、人们讲的故事、时间沉淀后产生的传统中，以及所有其他包含"我们在这里做事的方式"的习俗和惯例中。如果没有良好的习惯，光靠愿景是无法实现增长和收获的。

谢家华把公司的习惯收集在一本书里。这起源于一群美捷步员工在酒吧里的非正式聚会。谢家华鼓励大家把公司文化描述给新员工，老员工们讲了很多故事，听到他最喜欢的故事时，他惊呼道："我希望能把刚才那20分钟的谈话录下来，这样我们就可以展示给所有新员工了。"周围的人纷纷点头。有人说："是啊，那样会很酷。"

他若有所思地想了一会儿，然后提出："我们可以让所有员工写几段话，谈谈美捷步的文化对他们的意义，然后把这些收录到一本书里。"

在这次小组会议上，有关美捷步公司文化的书籍诞生了，这是一本由员工撰写的关于公司文化对他们来说意味着什么的短文汇编，每篇100到500字不等。这些文章给公司领导留下了深刻的印象，他建议公司只修改明显的语法错误，按原稿出版这本选集。谢家华的朋友林仁（Jen Lim）对这个想法嗤之以鼻。"这简直太疯狂了！"无论疯狂与否，谢家华都坚持了他的看法。由此诞生的这本文化之书抓住了该组织的文化习惯，进而奠定了该组织的文化。美捷步公司每年都会发布最新版本的文化手册，员工人手一本，普通大众也可在线阅读。

一些组织专家喜欢把文化比作冰山，其表面下隐藏着组织大部分的习惯（信仰、习俗、价值观）。但我们更愿意把它看作海水，你可以畅游其中，所有海洋生物（愿景、兴趣、习惯、创新）都在你眼前漂浮、跳跃、游曳。从员工到客户，到投资者，再到每一个有兴趣为公司工作的人，美捷步的文化手册将公司的习惯清晰地展现在每个人眼前。这是一本让人一目了然的书，你能列出在你的组织文化中的习惯吗？

最后，谢家华邀请林仁与他合作出版畅销书《三双鞋：美捷步总裁谢家华自述》(*Delivering Happiness: A Path to Profits, Passion, and Purpose*)。在这本书中，两位作者公开谈论了该公司的文化书籍，强调说，这本书揭示了一个成功的公司如何像培育植物一般正确培训员工，使员工不断成长的深刻道理。例如：

- **这是一个过程。** 它不仅仅是一本书，它是为了创造文化成果及强化文化仪式的集合。就像艾琳·费雪的圈子会议和麦克里斯特尔的 O&I 简报提供了让文化得以健康生长的土壤一样，这本书加深了一个不断学习和适应的过程，将其支脉延伸到组织中的每一个人和每一项活动。

- **这是一项长期投资。** 培育出一个丰饶的花园需要时间和金钱。正如林教授所说："把钱花在印刷和运输纸质书上，听起来是浪费和愚蠢的。但随着时间的推移，这项投资的回报却会大大超出原来的预期。"

- **事在人为。** 园丁也许会查阅如何种植好庄稼的手册和教科书，但打理好花园归根结底还是要选择正确的植物，并给予它们生长所需的条件。这同样适用文化。无论你在书中、手册中或网站上提供多少信息，你都必须深入了解人们的思想和心灵，然后他们的习惯才会影响他们在工作和个人生活中的一切。正如林仁所言："因为拥有一个共同的信仰体系，Zappos的所有员工创造了一个品牌，他们如此团结，耀眼于世界。"

推动行动的基本信仰体系为文化的繁荣提供了肥沃的土壤。

利用阳光刺激创新动力

一个健康的花园需要适量的阳光来促进植物的生长发育，但并非所有植物都需要等量的阳光。有些植物偏爱大量的阳光，有些植物却中意适量的阳光，还有一些植物喜欢阴凉。阳光不足，种子就很难突破土壤；阳光过多，嫩叶则会枯萎。

本章描述的每一位领导者都经历过需要阳光滋养的时刻，这些时刻有些甚至是危急关头。谢家华最初创办的公司让他非常头疼，他彻底放弃了这家公司，将他学到的经验和教训运用到一家新企业；斯坦利·麦克里斯特尔彻底改变了他在西点军校的领导风格，来应对非常规的敌人；尽管艾琳·费雪的公司让她变得非常富有，但这家公司最终陷入了困境。类似这样的时刻，都需要太阳的温暖。

以奇普·康利为例，他目睹了一场严峻的风暴吞没了他的公司：网络泡沫的破灭、纽约和华盛顿遭受的"9·11"事件、海外战争及"非典"（严重急性呼吸综合征SARS）的暴发。这些凛冽的寒风几乎摧毁了他的花园，使他面临破产的威胁。当

第一部分
法老、首席执行官与园丁

记者问他:"作为美国最脆弱的酒店经营者,感觉如何?"康利只说了一个词:"糟糕透顶。"

一天早上,康利发现自己坐在一位朋友停泊在旧金山海湾对面的游艇里。当他凝视着退潮后露出的海岸线附近的淤泥时,他想到了自己生意中的"淤泥"。巧合的是,他的朋友恰好在那个时刻读到了玛丽·奥利弗的诗:"你是不是仅仅在呼吸,却把它称为生活?"那些话驱散了乌云,让阳光洒在康利身上。所有威胁快乐生活的麻烦都变成了重生的机会。"这是一次对我的人格压力测试。"他回忆道。

几天后,仍然沮丧的康利从"生活之乐"的旧金山总部溜出,最后走到了附近一家书店的心理学书籍区域。当他浏览书架上的书籍时,他开始重新认识自己 20 年前在斯坦福大学读本科时第一次接触到的许多思想。那天,在远离华尔街动荡和中东冲突的安静的书店里,他花了几个小时阅读驱动人们基本需求的书籍。一团火焰开始在他的脑海中燃烧,这团火焰很快就把他推向了通往成为"摩登长老"的道路上。

对于像谢家华、麦克里斯特尔和艾琳·费雪这样的领导者,危急时刻可以像太阳爆炸的热量一样激活他们的想象力,并激发他们自己和组织中其他人更新行动目标。你应该合理利用这样的时刻,化危机为机遇。面对如此多的压力和性格的考验,园丁式的领导者在遇到危机时不会呆坐在宝座上,固执地认为自己不会面临死亡的威胁,而是会认真审视他们组织的文化。他们承认甚至是欢迎脆弱的感觉,而不是与遭遇的问题硬碰硬。

伟大的领导者将脆弱视为一种基本特征。市值100亿美元的伊士曼化学公司（Eastman Chemical Company）首席执行官马克·科斯塔（Mark Costa）就是这样想的。作为哈佛商学院的毕业生，他曾接受邀请，为一群哈佛工商管理学硕士（MBA）二年级学生发表演讲。他非常自信，浑身上下都洋溢着活力。他代表了每个人心目中优秀的首席执行官形象。想象一下，当科斯塔承认他在过去25年里所做的所有工作都让他感到不确定时，学生们该是怎样惊讶的表情。"作为首席执行官，你最大的恐惧就是人们向你隐瞒真相，"他继续解释道，"你必须愿意暴露自己的弱点，坦承自己的错误，这样别人才会有安全感。"他的结论是什么呢？"如果你认为你知晓所有问题的答案，你还是尽快辞职吧。因为你迟早会犯错的。"这和炽热的阳光赋予新生事物的特性有什么关系？正如畅销书作家兼商业教练伊万·米斯纳（Ivan Misner）所说："对火焰内部的未知胜过对冰层表面的已知。"

哈佛商学院诺华（Novartis）领导力教授艾米·埃德蒙森（Amy Edmondson）的大部分职业生涯都在研究这样的团队和组织，即团队和组织中的领导者和员工都能坦率承认自己的无知和弱点。她的研究一次又一次地使她得出这样的结论：充斥着这种价值观的文化使人们能够完成惊人的壮举。你如何创造一个强大的环境？你如何培养坦率和诚实的员工？为了达到这个目的，像康利和谢家华这样的园林式领导赋予他们的员工以自由，让他们释放自己的天性，尝试和修改新的合作和解决问题的方式，这种自由是最具创新性的组织的核心。他们以自己为榜样。谢家华承认，在美捷步成立之前，他搞砸了公司的文化；斯坦利·麦克里斯特尔和艾琳·费雪承认，他们一直在做的事情并不奏效；奇普·康利意识到他一直在错误的道路上徘徊，直到他改变了方向成为"摩登长老"。

埃德蒙森建议你效仿他们的做法，在你的领导力词汇中加入一些简单的句子：

- "我不知道。"
- "我需要帮助。"
- "我犯了个错误。"
- "我很抱歉。"

去做吧。当你下次发现自己在一个具有挑战性的商业环境的会议中时，使用这些句子中的某一句来阐明它。你会发现，这非但不会让你难堪，反而会使谈话变得活跃起来。你会听到坦率的看法，这些看法产生的能量足以让创造性的解决方案从土壤中迸发而出。简而言之，承认自己的脆弱会激发每个人的热情。

在接下来的四个章节中，我们将提供一套工具，你可以在设计、培育、维护和改造你的花园时使用这四种力量。园丁式的领导者使用这些工具不但用来创建他们的组织能够并且应该成为社区的共同愿景，还用来倾听他人的利益并创建一个组织的团队，用来反思如何创造习惯和仪式来维持一个成功的文化，以及用来尝试促进持续增长和转型的创新。

关键要点

- 像园丁一样领导。
- 带着远见设计你的花园。
- 浇灌内心深处的需求来满足利益。
- 用良好的习惯呵护根部的健康。
- 利用阳光刺激创新动力。

第二部分

文化中的四股力量

第二部分
文化中的四股力量

第
四 **展望未来：**
章 **书写你的团队篇章**

激动人心的时刻到了，你准备好了吗？大宴会厅的舞台旁边，一首摇滚歌曲从顶级的音响中如雷鸣般奏响。公司的全职舞蹈教练一边跳着一边鼓动大家跟他一起动起来。年轻英俊的安德鲁·辛格（Andrew Zinger），本次活动的协调者特意穿着银色西装、一条喇叭裤，淡紫色衬衫的扣子解开到胸口，大声喊道："我！在赛富时（Salesforce）工作！"他接着笑着说："你现在可以到街上，喊出来，你会有一种亢奋的感觉。就像是四杯啤酒下肚之后的亢奋，美妙无比。来来来，大家一起来。"

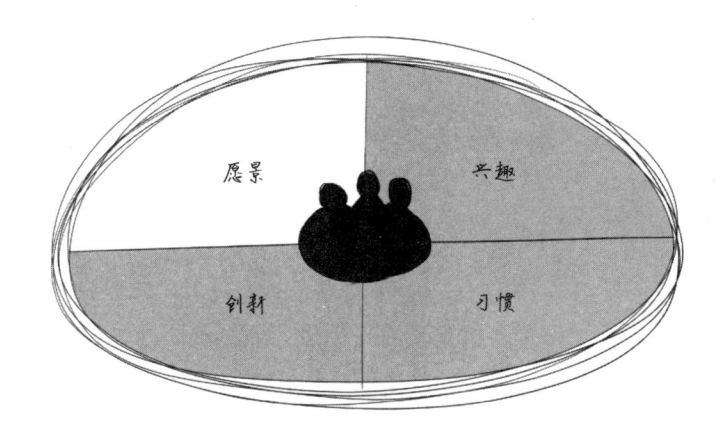

欢迎来到赛富时新兵训练营，这是一个由客户关系管理软件的先驱举办的活动。

在为期四天的培训活动中，辛格强调了讲故事在公司文化中的核心作用。"在赛富时，你可能已经开始意识到讲故事非常、非常重要。"他说。这些故事包括个人故事、客户故事和公司故事，其中一个故事讲述了创始人兼首席执行官马克·贝尼奥夫（Marc Benioff）是如何想出"欧哈纳（Ohana）"这个词语的，欧哈纳是夏威夷当地对家人的称呼。

在夏威夷休假期间，贝尼奥夫深深地爱上了这个想法，并决定将其作为自己1999年创立的公司的核心原则。正如他所言，这个想法之所以如此吸引他，是因为"我们不都是相互联系的吗？……这不就是问题的关键吗？"虽然很多首席执行官都把自己的公司比作一个家庭，但很少有员工真正有这样的感觉。在赛富时，他们做到了这一点。员工可以在工作中感受到那种亢奋。

这一切都源于贝尼奥夫将他的商业头脑与人们工作中真正需要的知识结合在一起。

用他的话说："在员工入职的第一天，我们会带他们参观厨房、浴室和办公室，让他们看看自己的办公桌。接着把他们带出去，做一下午志愿者服务。服务地点要么在流浪汉收容所或者医院，要么在公立学校。这是我们文化的核心部分。我要建立这样的公司：员工每天上班来都激情满满，他们感觉在这里工作很棒，因为他们能感受到公司并不是一味想从他们身上索取什么，也想给予他们什么。人们为什么想到这来？不是因为我们的便利设施比别人多，实际上我们的设施并不多，甚至连自助餐厅都没有，这是因为我们有更明确的目标、更伟大的使命。"

他以批评缺乏"欧哈纳"的公司的方式总结了他的哲学："有人给我们灌输的想法是，公司在某种程度上是独立于社会的个体化单位……这是不正确的。"

他的方法奏效了。连续几年，赛富时都在最佳工作场所的主要名单中位居前列。一个参加过新兵训练营的人总结了他们的经历：

"太棒了！"

"太让人振奋了！"

"我太……兴奋了！"

你对自己的工作有过这样的感觉吗？如果有的话，那么恭喜你。根据世界大型企业联合会（Conference Board）2018 年的一份报告，你是 47% 的美国人中的一员。那么剩下 53% 的人呢？他们宁愿做别的事。

赛富时的员工相信贝尼奥夫的愿景，即企业并不只是一个赢利机器，而是一个社会团体。员工、客户和社区，同在一个屋檐下，都是部落的一部分。部落观念长期以来一直存在于人类的集体想象中，不仅基于血缘关系和亲属关系，还基于一套共同的价值观和一个明确的愿景。正如政治学家本尼迪克特·安德森（Benedict Anderson）所说，这些纽带创造了"想象中的社区"。我们所有人都生活在想象中的社区：内罗毕的一个社区、圣保罗的一个球迷俱乐部、宾夕法尼亚大学、苹果公司、澳大利亚甚至整个世界。

"欧哈纳"指的是一个想象中的社区。无论你怎么称呼它，它都是把人们凝聚在一起的黏合剂。在赛富时这样优秀的企业中，它的文化将领导团队与人力资源部门、人力资源与营销团队、营销与研发部门紧密相连。这不是靠首席执行官的花言巧语，也不是靠发布在网站上的花哨的使命宣言。这是加入他们的每个员工所持有的共同信念。

对组织的承诺和忠诚不仅仅是一种说不清的情感。它是引擎，推动像赛富时这样的公司在员工敬业程度、客户服务和道德行为方面做出表率。这是共同愿景的力量，组织归属感的力量，是"万众一心"的感觉。这种力量激励着旧金山办公室里的工程师出色地写出代码，激励着销售人员打破休斯敦的新客户签约记录，激励着东京的客户购买该公司的软件。

本章将探讨如何利用愿景的力量在任何团体、团队或组织中创造一种"欧哈纳"精神的感觉。关于远见卓识的传统智慧，它来自一个孤僻的远见卓识者的头脑，让人想起一个像太阳神一样统治世界的领袖。事实上，这种创造充满欧哈纳精神的想象社区的愿景来自公司所有成员，并非来自领导层中的某个人或某一个团队，而是来自能够表达组织历史和愿景的共同故事。

第二部分
文化中的四股力量

利用故事创造想象中的社区

将日历翻回 250 年前的殖民时期的美国。让我们将目光像蝇虫一般聚集在内阁会议室的墙面,在那里,两位年轻的革命者成了国家建设者,他们注视着对方。两位革命者身体紧绷,准备回应华盛顿总统的命令,内阁要对是否参战做出决定。这个年轻的国家尚未从一场血腥的独立战争中恢复过来,华盛顿必须做出决定,是否要援助法国这位处于战争边缘的昔日盟友。国务卿杰斐逊认为,必须帮助在美国人民危难时刻伸出援手的盟友;财政部部长汉密尔顿却坚决反对,他认为这个脆弱的国家无法再承受一场战争。

华盛顿请杰斐逊首先陈述他的观点。当内阁人员聚在一起时,低沉而厚重的背景音乐响起。杰斐逊走上前去,用一首大胆的诗歌直击汉密尔顿:

他对忠诚一无所知
闻着一股铜臭味,穿得像位假贵族
一心只想出人头地
一切言行都违背建国理念

围观者一片哗然,杰斐逊以诗言志,矛头直指汉密尔顿,若非亲眼所见,难以置信。于是大家疯狂鼓掌,燕尾服跟着他们鼓掌的节奏也翩翩起舞。

这次冲突的现实情景也许并非如此。不过这的确是备受欢迎的音乐剧《汉密尔顿》（*Hamilton*）的舞台效果。这部史诗级的百老汇作品将真实的政治争端变成了令人捧腹的娱乐戏剧，非白人的演员阵容、不合时宜的嘻哈节奏及韵律让观众不禁起立喝彩。

戏剧作家林-马努艾尔·米兰达（Lin-Manuel Miranda）在读到普利策奖得主罗恩·切尔诺的畅销传记时，与汉密尔顿产生了深深的共鸣。"我想，'我认识这个人。'这类人我见过很多……对我来说，从我的父亲（一个波多黎各移民）开始，到很多和我一起长大的邻居，这是一个熟悉的故事情节。"几个世纪后，尽管有着截然不同的文化根源，米兰达却对这个故事产生了强烈的共鸣，因为它与他的灵魂发生了某种联结。

说起故事，我们每天都在读故事、听故事。好故事听起来让人身临其境，因为它们发自我们的灵魂深处。好故事让我们不禁感叹："是的！我能理解！"如果故事能捕捉到有助于确保当今个人和未来共同繁荣的愿景和价值观时，也就构成了每个组织不可或缺的集体精神的组成部分。它们为未来提供了一个清晰的视角。这不仅对我们的祖先适用，对赛富时也很适用，对苹果公司很有效，对 2020 年遭遇新冠疫情的美国也很有效。

人类在大规模的合作和协调方面表现出了非凡的能力，即使天各一方，也能协作。关于这一点，只需看看 2020 年 4 月各个报纸的头条便是了。"地球日第一个组织者的'极端激进'的信息""战胜新冠病毒需要全球合作""石油生产国寻求稳定市场的全球协议""阿富汗的'决定性时刻'需要领导人共同努力"。是什么推动了这种合作？是故事。2015年，在接受美国国家公共广播电台（National Public Radio）采访时，历史学家尤瓦尔·哈拉里（Yual Harari）总结了几十年来关于该问题的历史和人类学研究，他总结道："如果你研究任何大规模的人类合作，你总会发现它是基于……我们讲述和传播的故事。这对我们来说是非常独特的，也许是人类这个物种最独特的特征。"

最引人入胜的故事往往将某一主题引入生活，让人难以忘怀。在组织中，通过故事，我们便能知道如何行事、如何协作及如何解决问题。在赛富时，公司的基调便是通过贝尼奥夫顿悟欧哈纳这一故事定下的。当然，培训师会告诉新员工，赛富时重视客户服务，这种表述过于抽象，听听故事的力量：一个雾蒙蒙的四月天，时逢公司的起步阶段，贝尼奥夫亲自去硅谷拜访了一位重要客户，解决了一个难题。

你若仔细聆听众所周知的办公室饮水机旁的对话，就能听到人们分享关于"我们在这里的工作方式"的故事。员工们会在休息时间、自助餐厅午餐时间、下班后的聚会时间，以及两个人或更多的人见面做重要决定或解决紧迫问题时会反复讲述这些故事。虽然每个公司的具体故事都不一样，但通常都有相同的主题。在斯坦福大学商学院进行的一项综合研究中，研究

人员发现,这七个原型故事在组织中广泛流传:

1. 如果老板违反规定会怎么样?
2. 老板人性化吗?
3. 犯错了,老板会是什么反应?
4. 组织如何应对挑战?
5. 小人物能崭露头角吗?
6. 要是被解雇了,会发生什么?
7. 公司会帮助员工晋升吗?

这些主题强调了这样一个事实:尽管我们可能认为我们的组织是独一无二的,但自从两个人需要合作并集思广益完成工作以来,所有的群体都在讲述大致相似的故事。例如,每个组织都有一个巧妙解决问题的例子,这使一个基层成员有可能从公司底层上升到有权力和权威的位置。尽管这些故事有着共性,但每个组织的故事在具体细节上各不相同,这使各个组织有别于其他组织。就文化而言,这些故事涉及的问题包括人际关系(我的老板真的在乎我的成功吗)、成就(我能在公司晋升吗),以及公平(如果我在工作中犯了错误会有怎样的后果)。

无论你是领导一个销售团队,还是在戈壁沙漠监督一个建筑项目,你都需要挖掘集体故事,用具体而难忘的语言阐述"我们在这里的工作方式"。起初聆听,然后反复讲述人们在公司的每个办公桌、饮水机、流水线旁讲述神话般的职场故事，这些故事为创造真实的愿景提供了原材料。

成为一个出色的故事聆听者

安娜·韦纳（Anna Weiner）在她的《恐怖谷》①（*Uncanny Valley*）中分享了她在美国创业公司，在一眼望不到头的隔断办公室辛苦工作的亲身经历。25岁左右的韦纳正赶上硅谷科技产业的鼎盛时期，她渴望自己的工作和生活更加有意义，于是她放弃了纽约图书出版业刚刚崭露头角的职业生涯，搬到了旧金山，在一家大数据初创公司找到了一份工作。

这是一场文化冲击。在纽约，她已经习惯了人们使用正式的书面英语来讲述故事和交流想法。而在硅谷，她遇到了一种截然不同的说话方式，她称其为"垃圾语言"。垃圾语言是什么意思？主管乔（Joe）就是这样没完没了地在各种会议上强调"增值"的重要性，但这些会议一点也不会"增值"。除了增加价值什么都做。经理琳达（Linda），工作过于热情，吹嘘这是"工作与生活的融合"的方式，然而她的员工不得不两眼迷离，熬到深夜。太阳神般的首席执行官在市政厅聚会上讲述着他如何"利用协同作用"，而台下的每位观众都想知道他们到底是

---

① 书籍名自译。——译者注

如何被困在这个该死的沙漠中的。韦纳回忆说,有一位老板不断提醒她,她和她刻板的同事都是"为事业而退出",然而就在第二天,韦纳最好的朋友被解雇了。

垃圾语言是抽象的、充满流行语的废话,这就像裹了糖衣的垃圾食品,热量高,但营养不足。"让我们跳出固有思维,获得足够的吸引力,然后以有效的方式将颠覆性战略货币化。"这是纯粹且典型的官样文章。引用莎士比亚的话:"人生如痴人说梦,充满着喧哗与骚动,却没有任何意义。"如今,你可以在工作场所的每一个角落和缝隙中发现它,但没有什么地方比懒惰的领导者试图阐明愿景时更能明显地表现出它的麻木效果了。正如《纽约》杂志作家莫莉·杨(Molly Young)为表示同情,在《恐怖谷》发表了评论:"我讨厌有些话,一部分原因是讨厌说这些话的人。"她指的是那些刚愎自用的领导者,他们不会尝试与他人建立联系,不会与他人共同讲述他们一起创造想象中社区的故事。

罗恩·卡鲁奇(Ron Carucci)在《哈佛商业评论》上撰文指出,最近至少有15家公司在内部材料中把"统一"放在公司名称前,就像"统一沃尔玛"(One Walmart)一样,以此来增进员工之间的团结。但加上这个词并不能抓住那些不觉得"为事业而感到沮丧"的员工的思想和心灵。高德纳咨询公司(Gartner)人力资源研究副总裁布莱恩·库瑞(Brian Kurey)表示,相反,他们会对言行不一摇头。言行不一致容易滋生无精打采、玩世不恭和拖拖拉拉,也正是这些行为打倒了最有权势

第二部分
文化中的四股力量

的领导人和最大的企业。

为什么商务人士都喜欢流行语？它们提供了一种快速而不雅的速记方式，大概是因为这样能被组织里的其他成员理解与欣赏。然而，不利的一面是，流行语在一遍又一遍被使用时失去了所有的意义，然后它们听起来像令人头脑麻木的背景音乐。它们分散了人们对创建一个真正的社区这一具有挑战性且必要的工作的注意力。深入倾听是这项工作的核心。为了掌握传播和定义文化的真实故事，你需要竖起耳朵去倾听。在你完成这份工作之前，你将无法灵活运用故事来支持真正可持续的文化变革。

伟大的故事讲述者同样也是出色的听众。在你试图创造新的故事来说明你想要的文化信仰和价值观之前，你应该认真倾听目前在你的组织中流传的积极或消极的故事。

（1）**聆听过去**。每一个组织、团队、社会都依赖为当前行为建立背景的起源故事。通往未来的桥梁从这里开始。用詹姆斯·鲍德温（James Baldwin）的话说："若知来处，则去处无限矣。"

（2）**听取合作伙伴的意见**。你的任意一个同事都可以分享一个独特的故事，这会增添组织身份认同的砝码。如果你的组织雇佣了50000人，你就可以拥有50000名潜在的故事合著者。把每一个人都当作你的战略伙伴。

（3）**倾听共同的主题**。随着记录的故事越来越多，你需要找出线索，贯穿所有的故事。这些主题为了解人们的真实想法和行为提供了重要思路。如果有些主题让你感到惊讶甚至震惊,大可不必,它们可能会为你的文化建设平台提供重要的支撑。

优秀的故事讲述者会花时间和精力收集故事。试图通过使用流行语来缩短这个过程只会产生垃圾语言。一个好的故事能捕捉到多种声音和丰富的经历。一个好的倾听者需要时间和精力,所以,有些领导便试图走捷径。抵住诱惑后,你的任务说明或策略都将更丰富、更有说服力。其他人并不是只想听你的想法,他们想听自己的信仰和愿望是如何通过你的表述反过来激励他们的。

空余时间,我会使用这个软件学习商务用语、法律用语和法语。

第二部分
文化中的四股力量

挖掘过去，书写未来

捷蓝航空（JetBlue Airways）是如何起步的？答案就在迈克·巴格（Mike Barger）讲述的一个关于公司起源的传奇故事中。捷蓝航空通过提供卓越的服务赢得了客户的尊重，大多数航空公司对乘客采取"要么接受、要么离开"的态度，捷蓝航空在行业中显得较为罕见。巴格后来担任密歇根大学罗斯商学院的战略顾问，同时也是捷蓝航空的创始团队成员和首席学习官（CLO）。

捷蓝航空的故事开始于一间酒店的会议室，当时巴格和队友们在那聚集，讨论着如何重塑航空旅行，让公司能够从竞争对手中脱颖而出。巴格描述说，所有参会人员都遭受过挫折，正是这些挫折把他们拉到桌前，把整个会议室点亮了。他回忆说："创业团队的参与人，都对之前航空公司领导层抱有不同程度的不满。我们的动力是有机会从头开始。我们并没有从一个评价列表开始，而是展开墙上的砧板纸，开始写下航空业的所有不足。"罗列出一大堆痛苦的抱怨之后，便能把消极的感受和挫折转化为一股积极的改革力量。"那天晚上，我们给自己布置了一项家庭作业：把这个长长的清单拿回家，明天带着具体的解决方案再碰头。"这项任务预示着一家新航空公司的诞生，它的存在使其他竞争对手都显得逊色。

一个出色的起源故事就像一篇经典的寓言。当你听到巴格的故事时，眼前会浮现那一卷砧板纸，你可以感受到他们的沮丧，你甚至可以想象他们的团队冲进楼上的房间去寻找解决方案的画面。当然，捷蓝航空最终会列出一份它希望员工尊重的文化价值观清单，巴格的传奇故事使这些价值观熠熠生辉。他仍然喜欢讲述这个故事，因为它抓住了欧哈纳那种与众不同的感觉。这个故事不单属于他一个人，还属于公司的每一位欧哈纳成员。

如果没有精彩生动、令人难忘的起源故事，再令人钦佩的价值观也不过是一堆垃圾语言。正如巴格所说："价值观变得毫无意义的主要原因之一，是人们并不知道他们日常工作中实际上应该做些什么。"

通过讲述起源故事，你搭建了一座通往想象中的未来的桥梁。乔布斯用一个故事扭转了苹果公司的颓势。20世纪90年代末，当这家曾经的大公司濒临破产时，乔布斯开始回顾与客户和同事的点点滴滴并进行反思。1997年，在麦金塔世界展览会（Macworld）上，他展示了公司的过去，坦率承认了公司目前的危机，并描绘了一幅生动的未来蓝图。

想象一下这样的场景：苹果公司的忠实"粉丝"成群结队地涌入一个黑暗的会议大厅，巨大的银幕占据了整个舞台。乔布斯在台上来回踱步时，观众则随着他的步调俯身前倾。这位新返聘的领导者宣布要实施一项振兴计划，但必须要与死对头微软合作，一语落地，四座震惊，满怀期待的观众瞬间爆发出了让人难以置信的唏嘘声。

当乔布斯讲述苹果起源的传说时，便赢得了观众。"我认为买一台苹果电脑总得有点不一样的地方吧。"他开口道。接着,他讲述了苹果公司是如何颠覆计算机世界的:一个放在桌子上的小盒子(在那个大型计算机占据整个房间的年代),让学生在家中及教室使用电脑成为可能。那是苹果公司辉煌的过往。而现在呢?"我认为你仍然需要从不同的角度思考才会购买一台苹果电脑……(这些用户)有着这个世界的创新精神。"而后,乔布斯进行了一次大刀阔斧的改革,将重心从客户回到了公司。"我们也会有不同的想法。"在那一刻,乔布斯将表面上像是对苹果公司文化的灵魂造成冲击的决策与清晰的愿景联系起来。

通过挖掘公司的过去,乔布斯建造了一座通往繁荣未来的桥梁,他没有忘记苹果公司必须永远是苹果公司。这一想法变得越来越疯狂,甚至连苹果公司的客户也愈加疯狂起来。"在这种疯狂中,我们发现了天才,我们就是要为那些人制造工具。"当乔布斯重新将苹果公司的员工和客户之间深厚的根基联系起来,并展示这些根基是如何成功支撑起一片全新的产品森林时,他推出了一项战略。这一战略将苹果公司变成了地球上最赚钱的公司。

过去是现在之母,未来之父。就像美国智者约吉·贝拉曾经说过的那样:"若你不知所向,则将偏离所往。"我们在这个质朴的智慧上加一点小转折:"若你与组织中的他人不知已往,则来者便不可追。"

与合作伙伴沟通

2004年,维克·克努德斯道普(Vig Knudstorp)成为乐高(LEGO)的首席执行官。此时,该公司在世界玩具制造商中享有卓越的地位,收入远超10亿美元。品牌调查显示,消费者将该品牌排在迪士尼和耐克等家喻户晓的品牌之列。那么,为什么该公司的销量会开始下降呢?随着该公司的利润率徘徊在-30%,乐高每天要亏损数十万美元。在担任首席执行官之后不久,克努德斯道普为公司设定了五步周转路径:生存为先、确立目标、放宽增长、加快步伐、实现飞跃。在一次公开的采访中,克努德斯道普向英国《金融时报》的一名记者描述了他的战略,然后他总结道:"我为我所提到的管理学行话道歉。"

无须道歉。那些行话并非垃圾语言,它的真实性足以引领乐高重新赢利。但光靠文字并不能说明全部问题,文化振兴需要积极且亲力亲为的方法。当克努德斯道普发现乐高"在认清本质方面迷失了方向"时,该公司的领导层已经遗忘了公司的故事。为了纠正这个错误,他把管理讨论集中在"一个根本问题:你为何存在?"许多合作伙伴会回答这一问题。

在克努德斯道普担任乐高首席执行官的10年前,乐高取得了巨大的成功,甚至连公司高层都在讨论如何限制增长和降低利润的方法。正如执行副总裁克里斯蒂安·艾弗森(Christian Iversen)回忆的那样:"我们掌控了市场。"从一个控制了建筑玩具 80% 销售额的公司的角度来看，零售商是"必要之恶"。但这种沾沾自喜的自满一向没有好结果。20 世纪 90 年代中期的几次社会和经济变革让乐高的领导者措手不及。出生率下降，家庭在玩具上的支出下降，小型传统玩具店被大型连锁商店挤兑到一边，甚至消失，以及电子娱乐的迅速普及，这些因素共同导致了乐高在 1998 年首次出现财务亏损。

这时，被媒体戏称为"修理先生"的保尔·普劳曼（Poul Ploughman）赶来救援了。普劳曼于 1999 年加入公司，担任首席财务官，并且迅速成为首席运营官，负责日常管理的方方面面。普劳曼是一个彻头彻尾、循规蹈矩的商人，他为这家松弛的公司制订了一项严格的"强身健体计划"，旨在减少管理层级，简化流程，提高效率，并建立责任机制。经理们发现自己正以令人眩晕的速度在公司的各个部门被轮换。100 名高管中有近 2/3 被解雇。普劳曼发出了一个严厉的通知：要么生产，要么离开！不幸的是，这一扭转战略并没有考虑到公司的文化灵魂。乐高并非一家普通的企业巨头，几十年来，这家简单的玩具制造商激发了孩子们的建筑想象力，也激发了从美国阿肯色州到坦桑尼亚桑给巴尔岛的无数小型建筑项目。尽管普劳曼出发点是好的，但他只能眼睁睁地看着销售额暴跌超过 25%，亏损攀升至 1 亿多美元。接替普劳曼职位的首席财务官评论道："我们的生意基本被毁了。"

普劳曼当然是好意，但他犯了一个弥天大错：他自封为乐高故事唯一的讲述者。与乔布斯不同的是，他制定的愿景并不尊重公司的根基。当形势需要一个可以招募许多合作伙伴的领袖时,他却充当了太阳神的角色,认为自己是这个故事的唯一讲述者。最宏大的愿景来自共同的故事,而非最高领袖的大脑。最好的愿景会在组织中植入强烈的欧哈纳意识。他们有许多父母,这其中包括顾客和员工。普劳曼清楚这一点。

他意识到,公司不仅在逐渐失去与员工的联系,也在逐渐失去与广大客户和其他利益者的联系。结果,这个共享的故事在混乱中消失了。克里斯琴·马兹比尔格(Madsjberg)和米凯尔·拉斯马森(Mikkel Rasmussen)在他们合著的《意会时刻》(The Moment of Clarity)一书中描述了这种情况。在他们看来,在克努德斯道普上任之前,乐高的高管们告诉自己的故事是错误的。他们基本上是在说,既然今天日程排得太满,受刺激过度的孩子们又缺乏时间进行创造性的、深度参与的乐高积木搭建,那么乐高公司应该提供吸引眼球的、能够立即满足顾客不断变化的喜好的产品。

克努德斯道普和他的同事们发现,孩子们并不喜欢这个故事。更糟糕的是,乐高的传统研究方法支持了这种错误的愿景。就在那时,该公司的领导人决定把焦点小组放在一边,开始着手研究这个问题,这就好像是试图了解一个陌生部落的人类学家一样。克努斯托普在与乐高创始人的孙子克伊尔德·科尔克·克里斯蒂安森(Kjeld Kirk Kristiansen)的对话中挖掘到了公司的一些历史。35岁的克努斯托普给克里斯蒂安森留下了深刻的印象,他是这家拥有70年历史的公司的继承人。克里斯蒂安森说:"乐高积木不仅仅是一个玩具。它知道砖头是什么,也知道砖头能为人类做什么。"

克努德斯道普通过广泛征集合作伙伴的意见绘制了乐高的文化遗产地图。"我与乐高集团内外人士进行了多次讨论,以了解我们的身份、核心业务、独特能力及对客户的价值主张。"最后,在克里斯琴·马兹比尔格和米凯尔·拉斯马森的帮助下,他派遣研究人员走出公司对消费者进行研究。这些文化人类学家离开了焦点小组的无菌环境,走进乐高家庭。坐在一旁,看着孩子们玩玩具;若孩子和父母一起出去购物,他们就默默地守候在旁,认真地听着他们的谈话,以期重建一个人人共享的乐高故事。

高管们了解到,乐高的员工非但没有对自己的工作感到自满,反而保持着一种持久的热情,即为客户创造具有挑战性和创造性的游戏。传说中的砖头不仅仅是一个玩具,更是神话中的偶像。当乐高的领导者们听着孩子们在自己的卧室里用充满想象力的建筑设置陷阱,吹嘘自己在电子游戏中获得高分时,他们发现,生活在泡沫包装中的一代孩子都渴望那种冒险的、自我驱动的掌控感,这种感觉来自数小时无人看管地搭建积木的过程。

克努德斯道普,根据个人经验,为公司设计了一句富有远见的格言:"激励明日的建设者"。这句再普通不过的话在公司文化中产生了共鸣,也让渴望为孩子提供冒险体验的父母产生了共鸣。最重要的是，它不是从首席执行官的神奇大脑中蹦出来的，它来自对乐高欧哈纳所有成员大量的深入倾听。它源于丹麦比隆的一名中年工程师和美国特拉华州威尔明顿的一名中学生的信念。他们都可能会说："这是我熟悉的故事情节。"

深入倾听并与潜在合作伙伴建立联系的艺术，适用任何团队或组织，无论是位于法国的《财富》100强巨头企业，或内罗毕刚成立两年的初创企业，还是新加坡的五人销售团队。他们都需要一个共同的故事和对未来的清晰看法。你与员工和客户的每一次对话，你对员工动力的每一次调查，你召开的每一次讨论组织未来的会议，都应该有助于厘清这一观点。"这就是我们，这就是我们所经历的，这就是我们的方向。"

若你清楚心之所往，若你将你的利益相关者聚集在一个能触动每个人内心的中心思想之后，你将有很大的机会实现目标。

确立核心理念

你能用言简意赅且令人信服的方式描述你的组织的愿景吗？你的描述是否能体现组织的核心理念？是否能吸引并留住有才华的员工，激励客户购买你的服务或产品，并吸引投资者投资你公司的未来？是否照亮了通往光明和繁荣的未来道路？

第二部分
文化中的四股力量

当你可以用一个响亮的"是"来回答这些问题时，说明你已经可以定义组织的核心理念（central idea），并能为你设想的未来绘制一幅清晰的蓝图。核心理念一词是由拉姆·查兰（Ram Charan）、丹尼斯·凯里（Dennis Carey）和迈克尔·尤西姆（Michael Useem）创造的。尤西姆曾在沃顿商学院教授商业课程多年，并为全球高管和董事会成员提供良好治理方面的建议。他们认为，每一种成功的文化都依赖对核心理念的坚定不移。

为了阐明企业的核心理念，你应该写一个 250 字的故事，并回答两个问题：我们为何存在，我们将采取什么步骤来满足我们的需求？20 世纪 90 年代中期，籍籍无名且身无分文的苏尼尔·巴蒂·米塔尔（Sunil Bharti Mittal）挖掘核心理念，并将其渗透到印度电信市场。他利用短期融资成立了巴帝电信（Bharti Telecom Ltd., 后来更名为 Bharti Airtel），其口号是"比我们的竞争对手增长更快"。换句话说，速度和规模是该初创企业的核心理念。在接下来的20年里，该理念将公司带向了200亿美元的辉煌未来。核心理念不是来自个人灵感的迸发，这是巴帝电信与董事会进行长时间谨慎对话的结果，它最终被整合成了一份简短的文件，其中包括定价、成本、基础设施、品牌、合资企业、合作伙伴关系和招聘等运营细节。这份只有一页纸的声明承诺巴帝电信要拥有"与瑞典爱立信和美国国际商业机器公司等供应商管理供应商建立伙伴关系的卓越能力"。至于人才，巴帝电信将从"世界各地"招募最优秀的人才。员工的薪资将与核心理念直接挂钩。

与传统的只有一句话的企业使命宣言不同，该公司的核心理念以一种更深入、更广泛的方式呈现。与在高管会议上几分钟就能完成的使命宣言不同，这份使命宣言是通过大量的讨论和倾听形成的。这之后，巴帝电信的领导者才觉得他们已经完全阐明了推动公司文化的原则。他们避开垃圾语言，使用那些可能在每一封内部邮件、每一次商务会议和每一个重要决定中出现的词汇和短语。几个月来，米塔尔在巴帝电信董事会会议室和家里与董事们夜以继日地研究这份声明。对他来说，这是一次自我反省的经历，其间他不断地反复思考这两个问题。后来他回忆说："在我的故事中，最重要的事情之一就是尽可能快速增加收入。我一直相信，如果有一个封顶线，底线就会到来……速度,速度一直是我们所追求的。如果你在速度和完美之间徘徊,那就选择速度。"

与有洞察力和判断力的人一起写你的一页故事。花再多的时间都不为过,也许需要几周的时间才能完成这件事。设想你要写只有一页的演讲稿,说服员工为公司卖力,客户购买产品,并乐意继续投资。为了避免闲扯,你需要将其压缩到250字,这个需要一定的时间。

这是一件充满趣味的事情。归根结底,重要的不仅是文字本身,而是团队所付出的汗水和心血。创造一个强大的共享故事需要人人分享自己的故事,分享自己撸起袖子努力工作的故事。艰辛的工作一旦完成,便不能停滞不前,只顾自我欣赏。你的一页故事是一份瞬息万变的文档,你必须经常查看、细化、更新,必要时进行彻底修改。

关于愿景和故事叙述的最后一个想法:当你看到公司的原则和价值观渗透到员工所做的方方面面时,不管是设计提高生产过程的创新点,还是解决新产品销售,以及广告活动所产生的争论,你就会明白:不管是为了公司的未来还是共享故事,找到正确的视角有多么重要。就像林-马努艾尔·米兰达读汉密尔顿的传记一样,你会环顾四周,然后说:"我好像在哪里读过这个故事情节。"

关键要点

- 用故事来创造一个想象中的社区。

- 做故事的倾听者。
- 挖掘过去，书写未来。
- 与合作伙伴保持联系。
- 确立核心理念。

第二部分 文化中的四股力量

第五章 聚焦成员：满足兴趣，开启行动

"相信过程！相信过程！相信过程！"

近期，富国银行体育馆首次响起了响彻整个体育场的呐喊声。这标志着一个惊人的转变。费城的职业篮球队76人队（Philadelphia 76ers）曾被认为是一群极其无能的失败者，这并非空穴来风，但在2018年至2019年赛季（在2020年伤病问题再次无情地打击他们的季后赛之前），他们的确争取到了争夺总冠军的机会。这究竟是怎么回事呢？

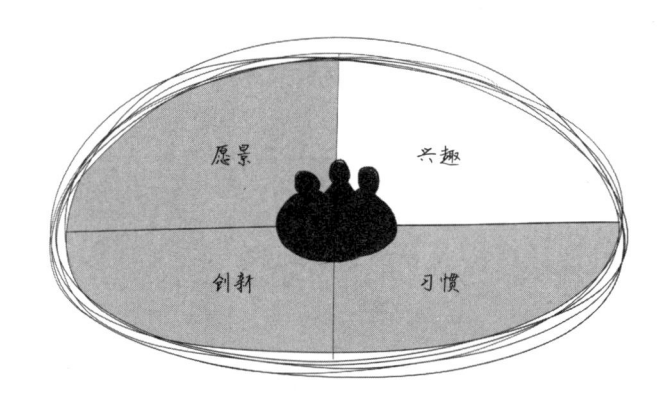

这段令人大吃一惊的长跑始于76人队的前总经理山姆·辛

基（Sam Hinkie），他的洞察力非同一般，尤其那句经典语录"相信过程"无处不在，球迷时常挂在嘴边，经常念诵。辛基（Hinkie）意识到，每一支夺冠球队都有一颗耀眼的明星：迈克尔·乔丹、斯蒂芬·库里、勒布朗·詹姆斯（LeBron James）。如果76人队中无法出现一个明星，这支球队将继续位列末席。为了摆脱这一悲惨命运，76人队的管理层将目光投向了美国职业篮球联赛选秀大会。为了赢得第一轮的选秀权，为了培养出一个有实力带领球队走向总冠军的球员，球队拒绝平庸，拿出狠劲，他们需要从头再来。

虽然这个计划在纸面上看起来不错，但在球场上却是一个漫长而艰难的过程。一位体育记者称这支设计糟糕的球队为"暴行"。"粉丝"们纷纷逃离现场。不久，当情况似乎非常严峻时，主教练布雷特·布朗（Brett Brown）出现了，他比以分析见长的辛基更注重人员的安排。布朗将扭转局面的策略与真正在球场上比赛的球员联系起来。

布朗明白，尽管他表面上是老板，但这不足以让一群各持己见的球员团结一心，他们每个人都有自己的需求与抱负。为了在团队内部建立对"过程"的支持，他必须利用一种比组织结构图上任何头衔或职位都更强大的力量。我们称为"兴趣的力量"。它让人们抛开个人差异，为集体的利益努力工作，因为他们明白，如果集体失败，他们也无法成功。

布朗利用每月的早餐会激发了球员们这样的兴趣，在早餐会上，运动员们以PPT形式展示他们内心真正感兴趣的东西。

所谈话题十分广泛：从文身到咖啡再到蛇，无所不谈。大前锋达里奥·萨里奇（Dario Saric）谈到了巴尔干冲突，这对他来说是一个非常私人的问题。

这样的操练让各持己见的运动员们能够不仅以员工的身份，更以真实立体的个人身份相互了解，并且也能将竞争策略与团队的核心身份联系起来。看似早晨讲述故事的会议分散了对竞赛本身的注意力，实质上这样的聚会增进了队员之间互相认同。运动员托尼·罗特恩（Tony Wroten）首次说出"相信过程"之后，这句话成了团队的口头禅。"粉丝"们开始高喊这一口号，很快它就如表情包一般火"出圈"，甚至一位禅宗大师也将这句话奉为精神灵感。

商界和体育界一样，总会有组织冲突，仿佛没有冲突就不能称作组织了。同事和团队会因身份和议程不同而发生冲突。如果你有希望将一个愿景或策略转变成一个鼓舞人心的行动，你必须先将其与整个团队的兴趣挂钩。那些纸面上看起来很好，但缺乏构建整体蓝图的计划注定要失败。但如果你成功地挖掘出了团队的兴趣，你将会获得普遍的信任感，激励每个人为组织取得成功而全力以赴。换句话说，正是兴趣的力量建立了一个统一的团队。要挖掘这种力量的核心，你需要拥有像辛基这样的思想家一样的大脑及像布朗一样的决心去架构桥梁。

由于新冠疫情的影响，2020赛季缩短，前任主教练的离去无疑凸显了协作的重要性。他与球员们所建立的文化凝聚力并没有在球场范围之外扎根。据知情人士透露，不确定性和不平衡因素困扰着该组织。这些问题阻止了布朗实现这一进程，也阻止了他的球队再次赢得美国职业篮球联赛总冠军。

不过，76人队不可思议的传奇阐明了一个关于组织的基本事实：让人们团结一心的背后需要更多的引力而非推力。本章向你展示了如何像关注组织结构图、奖励机制和自上而下的计划一样，通过聚焦兴趣来创造吸引力。

全方位瞄准人们的兴趣

惠普公司前首席执行官卡莉·菲奥莉娜（Carly Fiorina）曾感叹，在这家陷入困境的打印机公司工作期间，她曾与她所谓的"一千个团体"作斗争。惠普的"团体主义"蔚然成风，多个首席执行官与不同的首席财务官相互勾结。据她的高层团队的一名成员说，这些高管工作的目的是"按照自己的计划执行"，而不是"提高公司的整体业绩"。尽管菲奥莉娜任职期间的惠普似乎是一个极端的特例，但实际上所有的组织都包含大量的"微型文化"。

如果不加以控制，组织再次分化的倾向会产生一种严重失调的文化。我们曾经与一家大型金融服务公司合作，其中一个信贷部门有一条通道将销售代表和风险分析师隔开。其中的一名分析师说："我们坚持自己的立场，他们也保留自己的想法。在这里，你可以感受到整个人状态是紧绷的。我无法和他们交流。"他们只是坐在这里，虽然两个小团体想要达成一致的结果,但他们不愿意也无法沟通。这看似奇怪,却一直都在发生。

如果我们周围的人愿意满足我们的需求,我们就会对他们表现出信任、忠诚。这种倾向造成了相当狭窄、有限的小圈子。换句话说,它助长了团体主义的增长,同时破坏了在面临竞争对手的威胁时大团体的团结。为了防止这种情况发生,太阳神般的领导通常把重心放在经济奖励上。"努力工作吧,完成以后,我们就会发奖励。"

结果却往往不如人所愿。这并不是说人们不想满足自己的兴趣,而是这些兴趣是在更深层、近乎本能的信任层面上运作的。根深蒂固且通常难以表达的情绪及分歧,甚至会破坏设计得最完善的奖惩系统(胡萝卜和大棒政策)。设想一个 X 公司,这个公司在销售人员之间建立的联系与在会计人员之间建立的联系截然不同:销售部门会不惜一切代价达成交易,而会计则希望花尽可能少的钱完成交易。看吧!激励销售人员走向成功的动机与促使会计人员控制成本的动机是相冲突的。在销售代表看来完全合理的事情,在会计眼中却是纯粹疯狂的。

纵观人类历史,核心圈子里的人一直坚持以圈外人可能认为不合理或者不合逻辑的方式来满足自己的需求。在殖民时期的美洲,大量的欧洲人选择了崎岖的新世界文明,而不是舒适的旧世界文明。许多白人殖民者被美洲原住民部落俘虏,而后返回与他们的欧洲同胞生活在一起时,他们却怀念被俘虏时在原住民部落找到的归属感。本杰明·富兰克林在给皇家学会成员彼得·柯林森（Peter Collinson）的信中写道："朋友们把他们赎回来，尽可能地对他们温柔相待，想说服他们留在英国人中间，但不久他们就对我们的生活方式感到厌恶……他们会抓住一线机会，逃回森林。"

即便是在一个由跨国公司主导的时代，组织中的每个人仍然希望与他人取得情感上的联系，希望自己独特的才能和贡献得到认可，希望做有意义的工作。然而，并不是每个领导都能以同样的方式定义和满足这些需求。因此，聪明的领导者努力创建组织系统和流程，允许个体和小群体之间的差异，但他们会凝聚每个人的力量，共同追求集体的成功。你可以找寻方法来满足大多数人内心的兴趣，而非强迫组织必须是一个无差异的整体，这会导致整个集体崩溃。这一切都取决于适应各种不同的兴趣，然后创造出尊重并满足这些兴趣的工作环境。这听起来是个常识，但是，许多领导者都忽略了这个基本事实。根据《情感障碍杂志》（Journal of Affective Disorders）上的一项研究，今天大多数人工作的环境"见不到阳光、竞争激烈、不公平、社会孤立"。也就是说，没有人谈论真正重要及不必要地把人们分开的事情。

布朗教练利用每月的早餐会议，让76人队的每一位球员都感到自己是球队中独一无二的、特别的一员，同时也是整个团队中必不可少的一员。愿景就应该是这样发挥作用的：它使每个人及整个团队都参与到一个运动中来。当然，你需要做的不仅仅是告诉他人加入这个事业。你需要认真询问，仔细倾听，发起有关个人情绪及议程的对话，直到你了解你的员工真正的想法与感受。丢掉那些避免"会议前的小会"的传统建议吧。坐下来，放松下来，以这种低压方式深入研究这样做的原因。问一些能激发分享欲的问题，多听少说。记住"在得到之前先给予"这条规则。讲述一个私人的，甚至可能是会透露出一点脆弱感的故事，这会让别人更自在地敞开心扉。由于我们总是依据自己的偏好和偏见来判断别人的想法、感受及行为的自然倾向，所以你需要放慢脚步，牢记小说家克里斯托弗·伊舍伍德（Christopher Isherwood）曾经写过的一句话："我是一台相机。"做一台相机，仔细观察并记录你脑海中所留下的印象，不要将主观的标签强加并贴于其上。

强大的文化可以激发这种强烈的奉献精神，将人们推向比他们想象中更远的极限的地方。这不足为奇，"邪教"（cult）和"文化"（culture）具有相同的拉丁词根（cults），意思是"修养"（在园艺意义上），但也意味着"崇拜"。这种强大的感觉可以激励人们忍受最严峻的威胁和最具挑战性的环境，以完成他们认为做不到的事情。正如我们在第四章中所说，当今最紧迫的问题是需要在全球范围内取得这样的成就。

如果你想收获一个郁郁葱葱的花园，那么你需要看看组织结构图上的条条框框，看看构成你的文化的所有独特的个性和兴趣。不要仅仅依靠经济奖励，你还需要问一些人性化的问题，比如：是什么让每个人变得特别？是什么吸引他们加入自己的团队？个人如何定义成功？他们对个人成功的定义是否与他们对集体成功的看法一致？是什么将团队联系在一起？每个团队成员如何贡献他们独特的身份和技能来实现团队的成功？这些问题的答案将揭示建立一个团队的关键。

全员参与这场运动

若你仔细看这幅图，你会发现图片上有三个美国白人。说来惭愧，这是因为无论我们是否意识到这一点，在我们合作和研究的大多数商业组织中，白人男性的声音往往是主流的声音。

"我在今早发送了那份在工作中需要保持愉快的心情的备忘录，为什么大家没有做到？"

在一家大型城市医院与一群领导进行团队建设研讨会时，我们痛苦地意识到了这一点。在一场关于在组织中跨界联络人员时会出现的问题的讨论中，帕梅拉（Pamela），一位年轻的黑人高管，举手分享了她自己面对挑战的亲身经历。房间里除了几个领导，其余都是白人，而且大多数是男性。她的故事开头讲述了她在入职初期努力建立人际关系的经历。

正如她所说："很长一段时间里，我觉得我必须和白人交谈才能在这里获得成功。"她顾虑到，如果她用和黑人朋友和家人说话时使用的措辞和语调和同事说话，那么她的大多数同事就不会把她当回事。她还担心，在组织中占主导地位的团队会把她的小团队排斥在公司的边缘。帕梅拉接着谈到了她试图用白人的语言说话所付出的个人代价，社会科学家称这种行为为"代码转换（code switching）"，即采用另一个通常更为强大的群体的语言。在漫长的工作日结束后，她感到筋疲力尽，她花费了大量的精力和情感，试图听到她想象中的白人同事期望她听到的声音。她期盼与同事相处的那种舒适的感觉，但她努力了好几年也没有实现，她只好放弃。

社会学家先驱、《局外人》（Outsiders）一书的作者霍华德·贝克尔（Howard Becker）观察到，每个群体都能区分局内人和局外人，这就像帕梅拉早年在医院时的所作所为（其他人对她非常尊重）。专业语言只是人们用来区分内部和外部群体的工具之一。例如，爵士音乐家之间交好或只与爵士乐爱好者交往，视那些对艺术形式缺乏鉴赏的人群为不学无术的"混混"。一所学校的"圈内人"——球队明星、啦啦队队长和学生会成员,他们瞧不起计算机和数学专业的学生,认为他们是一群老学究和书呆子。反过来,书呆子们则认为流行小团体是一群肤浅的混混。无论你身处何处遇见哪个群体,你都会发现他们区分圈内人和圈外人。强调此事,是因为当你试图将你所有的群体捆绑成一个有凝聚力的群体时,你必须牢记这一点。在某种程度上,你需要将群体中更多的人变成"圈内人",他们彼此不内斗,只与组织外的成员竞争。

这就将我们带回了我们在第二章中讨论过的紧张局势。当别人想把他们赶出圈子的时候,你该如何将他们拉进来?人类学家皮埃尔·布尔迪厄(Pierre Bourdieu)在研究法国学校体系中的社会等级制度时,对这个问题有一些见解。例如,他注意到,虽然群体通过他们独特的服装、语言和行为模式来表达文化差异,但他们也把这些作为权力的工具。就像经典百老汇音乐剧《西区故事》(*West Side Story*)中的黑帮一样,黑帮的成员实际上说的是:"我们是鲨鱼。你可以从我们的黑色皮夹克和鸭尾巴发型看出我们是鲨鱼。来与我们较量吧,喷气机队!无论你们想玩什么游戏,我们都能打败你们。"但换句话来说,这些话的意思就是我们"圈内人"会赢得较量,而你们这些"圈外人"注定失败。那些在大型竞技场上取得成功并占据主导地位的人们清楚游戏规则,他们利用这些规则为自己谋取战略上的优势。经济学家科林·卡梅勒(Colin Camerer)和罗伯托·韦伯(Roberto Weber)的一项研究显示,被视为圈外

第二部分
文化中的四股力量

人的成员，得到的尊重与他们的才能并不相匹配。尽管他们带来了经验和技能，圈内人却始终认为圈外人能力较差。举一个符合当下社会现状的例子：女性早就明白，她们必须比男性更努力地工作，才能在工作场所获得与男性同等的报酬、机会和尊重。

园丁型领导者有效地与组织中的不同群体联系起来，因为他们明白他们需要让每个人都像圈内人一样对待彼此。他们成为皮埃尔·布尔迪厄（Pierre Bourdieu）所说的"文化大师"，擅长在管理其组织中截然不同的规则和信仰体系中阅读、工作。简而言之，他们可以通过许多不同的镜头看世界。当然，采用许多不同的观点本身并不能解决团队竞争的问题。你也许能够从民主党和共和党的角度分析和阐明医疗保健等社会问题，但这只是让自由派和保守派提出解决方案的第一步。

无论是谁，都很难理解另一个有着完全不同的价值观的人的语言，这些价值观源于他们自己独特且根深蒂固的世界观。联想一下社会中政治派别之间的争端吧。研究表明，政治上自由的个体往往强调公平、正义等价值观，而政治上保守的个体往往重视忠诚和传统。这两个派别的目标是一致的——创建管理一个伟大的国家，但在如何做到这一点上则存在严重分歧。在一项研究中，研究人员要求两种政治信仰的人尽最大努力说服对方改变对某个政策问题的看法，比如为退伍军人福利提供资金。虽然老练的谈判者会说：用对方珍视的价值观来表达自己的立场是最容易做到这一点的，但大多数参与研究的人却与此恰恰相反，他们坚定不移地支持自己的观点。这种方法并不会改变对方的想法。

差异问题凸显了你在让各个部落携手合作实现组织目标时，所面临的首要问题是，错误地认为我们完全了解一个特定群体的运作方式。我们经常认为我们在说另一个群体的语言，但实际上我们只是在自说自话。另一方面，文化大师会花费大量的时间透过别人的视角观察世界。"他们是怎么做到的？"有人问道。

丹娜-法伯癌症研究所（Dana-Farber）的首席科学家巴雷特·罗林斯（Barrett Rollins）是这样做的。当时，他必须让一些世界领先的科学家在多学科项目上合作。这些科学家与其他领域的大多数专家一样，喜欢从事能反映他们研究水准的特定个人兴趣项目。在很长一段时间里，丹娜-法伯癌症研究所的行政结构恰恰鼓励了这一点。罗林斯说："科学家在如何使用机构资源方面有很大的自主权。只要他们在有影响力的期刊上发表了自己的研究成果，并在他们选择的任何领域取得了进步，他们研究什么都无关紧要。"但最终，我们清楚地认识到，癌症研究的未来在于跨越多个领域的更综合的项目：生物学、影像学、治疗、研究方法和群体监测。

罗林斯面临的挑战在于：如何让成就卓著且自负的科学家们相互合作，同时又不能对极其孤傲的研究人员施加任何压力。罗林斯需要知道哪些大的研究领域能够点燃丹娜-法伯癌症研究所不同科学团队的热情，并激励他们共同致力于世界级的研究。因此，他征求了他们的意见。他召集了学院各个部门的有声望的教授。他把各部门的主任邀请到一个房间，还未等他们落座，他就立即要求教授们确定未来癌症研究的10个最关键的领域，这些领域应该引领更大的组织为此群策群力。

这10个领域将成为10幅全新的综合研究中心的组织蓝图，与传统实验室并存。丹娜-法伯癌症研究所使用了奖励措施——自愿引领这些研究中心的科学家获得了大量的资助。但罗林斯知道，要想让高傲和具有创业精神的科学家加入，他还需要投入更多。他经常与新领导一对一会面，表示友好，鼓励并指导其管理人员的方式。他组织了关于合作的研讨会，并邀请外部专家分享其他机构的合作方式。他孜孜不倦地讲述突破性进展，讲述这些进展是如何极大程度地改善患者的生活，来庆祝综合研究项目的成功。一位丹娜-法伯癌症研究所中心的外部研究员形容罗林斯全天候的领导"非常辛苦"。换句话说，他所做并非局限于"只是正确的奖励"。

当像罗林斯（Rollins）这样的文化大师与员工就组织的愿景和使命，以及其如何与他们的需求相联系一事频繁对话时，他们与自己的群体建立了一种比奖励机制所能提供的更牢固的联系。心理学家哈利·里斯（Harry Reis）对人际关系建立的广泛研究确定了建立这些强大的、基于信任的人际关系的三个基础：

- 理解：他们是否完全明白了我的需求？

- 验证：他们是否高度重视这些需求？
- 关心：他们希望需求得以满足吗？

文化建设者们若是想让成员团结一心，组织一场全员参与的运动就必须将以上问题熟记于心。

布雷特·布朗在主持76人队所有成员参与的每月早餐会议时，一直牢记这些问题。早餐会议的目的不在于了解球员们有些什么古怪趣闻，而是证明他渴望了解他们的需求，他会肯定这些需求的重要性，进而向所有人保证他真心希望看到这些需求得到满足。他建立的这种团队沟通方式非常有效，团队所有成员，乃至球迷，都从内心深处"相信过程"。如果他只凭自己的权力，命令人人加入这一进程中，他可能只会获得一些暂时、勉强的默许。相反，他通过让每个人都参与其中，让球队走上了通往成功的道路。

建立一个有影响力的网络

为了迎合创造可持续的运营战略，卡约公司（Cayo Inc）富有远见的领导者改变了组织机构，设立了几个区域单位。他们希望每个单位的领导都能努力工作来实现这一目标。然而，来自一个重要单位的一名成员，才华横溢、富有魅力（因其凶猛、好胜的天性而被戏称为"鹰眼"），却极力反对这个计划。他联合其他单位许多刚愎自用的同事，很快在公司发动了一

第二部分
文化中的四股力量

场内战。莉迪亚·登沃斯（Lydia Denworth）在她的《友谊》①（*Friendship*）一书中写道："一场厮杀随之而来。"最后，她总结道，卡约变成了"一个帮派林立的社区"，"鹰眼"领导着一个极其凶猛的帮派。尽管"大老板"们热切希望各级的员工能像期望的那样团结起来，但他们只看到不同的团体形成了敌对团体，彼此之间交流甚少。任何跨越帮派界限的企图都会导致流血冲突。

如果你觉得这就是员工们将他们的大老板当成猴子一样戏耍，你的感觉是对的。但如果将这些好斗的工人们看作猴子，这一切又都在情理之中了。

"鹰眼"、"恒河猴"，是圣迭戈加勒比海灵长类动物研究中心的科学家给起的绰号，该研究中心离波多黎各东海岸不远，其正式名称为4H2，这个标签足以显示其在高度分层的社会中的地位，研究人员从其他国家进口猴子之后就出现这种社会分层。起初，研究人员预计猴子会根据它们的故土所在地进行分组，但实际的分层并非如此。实际上，像"鹰眼"这样意志坚强的角色却成了领导者，在研究人员想象的组织结构图之外结成了联盟。由此产生的亚部落与猴子最初来自的遥远森林中形成的亚部落不相匹配。换句话说，研究人员设想了一个对"鹰眼"毫无意义的宏伟策略。

你在组织中是否遇到过这样的人？这个人也许没有位居高

---

① 书籍名自译。——译者注

位，也可能没有什么特殊头衔，但实际上却是一位领导者。要是你有一双"鹰眼"，你的同事或许就会深受影响，但可能不会引起高层领导的注意。大多数组织都会雇佣一个或多个具有"鹰眼"特征的人。他们是隐形的文化大师，常常游走于整个组织中，建立联系，并将愿景或战略付诸行动。在非正式团队里，人们会向他们而不是"大老板"寻求如何应对的指示。如果你想建立一个团队中的团队，你必须得到"鹰眼"的支持。忽视它们，绩效不仅会大打折扣，就连公司高层领导制定的最佳战略也会遭到破坏。

想要在组织中找到这些不起眼的影响者并非易事。要眼观四面，耳听八方，去寻找这样一些人：在组织内，同事间口碑颇佳；在组织外，名声大噪。例如，通用汽车公司（General Motors）就找到了像克里斯（Chris）这样的人。克里斯是商业人类学家伊丽莎白·布莱迪（Elizabeth Briody）的同事。她在通用汽车工作了几年，帮助该公司完成了重大的文化转型。如果你让伊丽莎白说出她在工作中遇到的最能干的经理，她会把克里斯放在榜首。是什么让他如此突出？他事无巨细，事必躬亲，以便与他人深交。例如，克里斯每个月都会在他的工作日程中留出2小时深入通用汽车的各项工作。上个月你可能会在装配线上看到他的身影，下个月你又会在与工程师的会议上看见他。他让伊丽莎白想起了人类学家研究该组织中所有不同组织的场景。

克里斯细致的观察和与人深交得到了丰厚的回报。他的影响力已经不言而喻了，人们一遇到问题，不管什么问题，都向他寻求建议，因为他们彼此心有灵犀。克里斯虽然位居高位，但要制订新战略或计划，必须请教他。克里斯可以马上告诉你是在车间还是在工程部试行车辆。只要他在车上，你知道火车一定会加速。

如果你的组织规模不小，可能无法与每一个"鹰眼"交往，但能与一部分人建立交往，已经足够了。这些人防止你做事拖拉或作出任何破坏之举。尽早带他们进入圈子，不时让他们参与，并要求他们时常向你汇报情况。当你需要跨越组织边界时，你会发现他们是很棒的翻译。

扩大部落

2008年全球金融危机之际，星巴克公司生死攸关，已退休的星巴克创始人兼首席执行官霍华德·舒尔茨（Howard Schultz）重返职场，再次接管公司。当时，星巴克的销售额暴跌，公司濒临破产。舒尔茨如何才能避免灾难发生呢？他冒着巨大的风险，让一万名零销商经理飞到新奥尔良，听他发表演讲，怀疑论者称其为"价值3000万美元的演讲"。朋友对此非常困惑，请求解释这笔费用的合理性，他回答说："我要告诉他们真相，事实真相。这是一个残酷的事实。按照目前的发展轨迹，星巴克只剩下7个月的时间了。"

在巨大的超级圆顶体育场，舒尔茨站在他的团队面前。在

文化破局
解锁组织成功的四股力量

谈到公司面临的严重财务问题时，他镇定自若，非常理性，这是他讲话中特别引人注目的地方。他没有大喊"天要塌下来了"，而是将其描述为一个机会，一个"熔炉……这是在考验我们的应对能力。"他听起来不像一个正在集结部队的将军，更像一个同处一处战壕的战友，共同商讨，试图找到摆脱紧急情况的方法。

从那一天起，舒尔茨开始把他松散的团队集合成一个团队。他知道，无论喜欢与否，每个组织都是由有潜在冲突的群体组成的，如果无法将他们的力量往一处使，你想要领导成功的变革而做出的努力将是徒劳。在一个完美的世界里，小团体应该是天生和谐的。但这样的乌托邦将会失去一种极具价值的东西：亚文化群体的多样性。这种多样性使生活丰富多彩，并为组织提供了急需的创新灵感。管理这些团队的诀窍是把他们团结在一起，同时又不限制他们的思想。在允许每个群体都有自己的个性的同时，必须在所有不同的群体周围画一个更大的圈，一个让所有人都成为内部成员的大圈。

在新奥尔良，舒尔茨用三种经过验证的技术扩大了团队：

（1）**他们拥有共同目标。**舒尔茨以一场面向一万名经理的咖啡品鉴活动拉开了会议的序幕。这种长期存在的公司仪式提醒着所有的经理，他们都属于同一个更大的团队。

（2）**他引导他们朝着一个共同的目标前进。**舒尔茨毫不含糊地阐述了这一挑战，他说，"请不要成为旁观者"，并承诺自己将"尽一切可能"帮助公司恢复正常。

（3）他使用"我们"这个词语。舒尔茨分享了他的想法"为成为你们的合作伙伴而感到自豪"。在整个演讲中，他强调的是"我们需要"而不是"你们应该"。正如他后来解释的那样："当你寻求帮助时，人们就会向你走来。"

这次价值3000万美元的演讲标志着一个重大转折点。在接下来的几个月里，在一万多名经理的共同努力下，公司最终摆脱了财务困境。正如已故的星巴克国际总裁马丁·科尔斯（Martin Coles）所描述的那样："这个体育场，座无虚席，但用星巴克的话说，这是一万名合作伙伴所在的地方，他们都朝向同一个方向……都怀有同一个信念——如何实现目标。"

授权部落，退居幕后

1980年的一个春日，房地产经纪人坎迪·莱特纳（Candy Lightner）遭遇了为人父母所能遭遇的最可怕的悲剧之一。她13岁的女儿在和朋友一起去教堂参加狂欢节的路上被一名酒驾司机撞死了。尽管没有一点政治经验（她甚至从来没有投票过），但为了不让这样的悲剧发生在其他父母身上，她发起了一项运动，创建了一个非营利组织"反酒驾母亲联盟"（MADD）。这项运动非常成功，改变了人们对酒驾的态度及相关的法律。

如果你想学习如何建立庞大的联盟及如何发起持久的变革，只了解久经考验的企业转型故事还不够，你还需要对"反酒驾母亲联盟"这样成功的社会运动进行深入了解。像莱特纳这样的社会运动领袖，能够敏锐地洞察到如何将愿景导向变革，这是因为他们身处基层，不用顾虑个人权力。如今人们的工作场所日益分散，你可以通过非官方的影响和与人交往来完成更多的事情，这比你仅靠一个头衔完成的要多得多。如果你想建立一个团队中的团队，那么就请你放下传统的胡萝卜与大棒，开始在人类想象力的肥沃土地上播种变革的种子吧。

乔治城麦克多诺商学院的学者莱斯利·科拉奇菲尔德（Leslie Crutchfield）发现了一种特殊的品质，能让像"反酒驾母亲联盟"这样的组织演变成有力的运动。她将这种品质称为"领导力"。在这里，领导力的对象指的是那些在自上而下和自下而上的努力之间取得微妙平衡以完成工作的领导者。与其命令团队中的每个成员应该做什么来获得所需的结果，采用"领导力"方法的领导者会与精力充沛的个人建立联系，然后再赋予他们权力，让他们采取必要的步骤来实现组织的愿景。放弃控制权并不会造成混乱。相反，它赋予团队一个统一的目标，并令其朝着实现共同的目标而努力。明智的领导者会为实现目标提供必要的资源，然后他们便会退居二线。

坎迪·莱特纳组织备受关注，很多人对她的事业充满热情，纷纷打来电话，询问她："我能做些什么？"她很快给出了一个答案："成立一个当地分会。"就这样"反酒驾母亲联盟"很快扩大到全美，拥有90家分会。莱特纳没有对不断增加的团队进行事无巨细的管理，而是给予他们指导，帮助他们了解当地的法律生态系统，并将各个分会联系起来，以便他们互相学习经验。虽然莱特纳给了分会领导人足够的空间来推动运动，但她并不只是作为一个感兴趣的旁观者坐在后座上。她的工作重点是筹集资金、提高国民意识，以及与政府和私营部门伙伴结成联盟。

商界的领导者们可以借鉴莱特纳的做法。巴雷特·罗林斯也使用了类似的策略，他把世界上最聪明的人聚集在一起，这些人个个都是恃才傲物的科学家。他将精力充沛、干劲十足的人联系在一起，用共同的愿景为其灌输激情，提供所需的资源，然后退居二线，凝视着这场运动的士气凝聚起来并稳步前进。强大的领导者想要放开缰绳并不容易，但将缰绳授予他人便可获得士气，获得丰厚的回报。这无疑会使每个人受益。一场运动可能始于高层，但一定壮大在基层。

我们在本章中讨论过的所有领导者都在团队自上而下和自下而上的努力之间取得了微妙的平衡，以此实现愿景。虽然他们领导着截然不同的团队，并且各自的团队有着大相径庭的习惯，但他们都树立了榜样，专注倾听，志在互惠，并将其嵌入自己的文化中。这种互惠互利，以及分享权力的真诚意愿，可能不会立竿见影，但从长远来看，效果不言而喻，因为它尊重了人类基因中的一个基本组成部分：相处、获得成果与取得进步的愿望。

有人曾经询问人类学家玛格丽特·米德（Margaret Mead），让其举例说明标志着人类文明开始的最重要事件，她毫不犹豫地回答了"骨折"一词。骨折？人类文明之初，骨折意味着死亡。骨折后不仅容易感染而且很容易成为饥肠辘辘的捕食者的大餐。有关最早的股骨骨折恢复的考古记录中表明，周围的人愿意帮助骨折患者，照料患者直到他们恢复健康，尽管这样做可能会使他们双双面临危险。简而言之，当人类开始将他人的需求置于自己的需求之前时，文化就出现了。

无论你是在组建团队，还是在联系组织中的其他人，或者只是试图为一个想法增添活力，都要从这个由来已久的人类问题开始：你需要的是什么？

关键要点

- 全方位瞄准人们的兴趣。
- 全员参与这场运动。
- 建立一个有影响力的网络。
- 扩大团队。
- 授权团队，退居幕后。

第二部分
文化中的四股力量

第六章 习惯之力：重塑规则

大约50年前，在一些重点大学的人类学系流传着一个故事。它在流行文化中传播，最后出现在了《今日心理学》（*Psychology Today*）杂志上。如同所有的文化基因一样，这个故事的版本从未停止过变化。在我们听到的版本中，一位年轻的人类学家正在巴西丛林深处的厨房里观察一位村民准备午餐的过程。让我们分别称她们为"谢丽尔（Cheryl）"和"米兰达（Miranda）"，看看这个故事是如何讲述的。

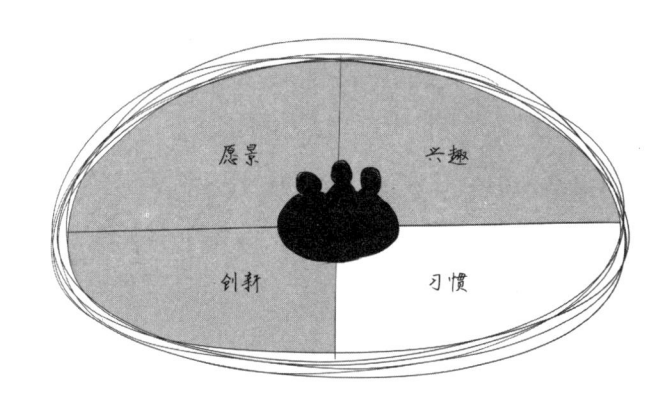

米兰达挥舞着一把锋利的大刀，如同挥舞着剁肉刀一样。

她切下烤猪肉的两端，小心翼翼地把它放在一个大平底锅的中间，然后又将它放进了一个烧柴火的烤箱。谢丽尔眯起眼睛，在日记上草草写了几个字，然后问："米兰达，你为什么要把肉的末端切掉呢？"米兰达困惑地看了谢丽尔一眼。她知道谢丽尔用敏锐的目光观察周围的环境，经常问一些别人注意不到又难以回答的细节问题。"我不知道怎么说，"米兰达笑着说，"我妈妈就是这样教的，我从来没有思考过这个问题。"

谢丽尔决定去看望米兰达的母亲，她住得不远，就在只隔几个街坊的那条狭窄的小路上。谢丽尔非常了解这个村庄，她花了许多天体验传奇社会科学家克利福德·纪尔兹（Clifford Geertz）所谓的"深入闲逛"，她与当地村庄成员结交，并注意到他们独特的习惯和共同的惯例。和许多细心的研究人员相同，谢丽尔认为，一种文化不仅包括与出生、婚姻和死亡等重大生活事件相关的正式仪式，还包括烹饪和清洁等看似微不足道的日常活动。切掉烤猪肉的末端？嗯……谁知道原因呢？这值得调查。

谢丽尔发现米兰达的母亲坐在门外，就开门见山询问起米兰达准备烤猪肉的特殊方法。"这种做法起源于哪里？我不知道，"母亲耸耸肩回答道，"我是从我母亲那里学来的。"

而后，谢丽尔去拜访了米兰达的外祖母。寒暄了几句之后，谢丽尔问起了有关烤猪肉的事。老妇人向空中举起一根手指说："啊！"她慢吞吞地走到一个柜子前，拿出一个小平底锅，放在厨房的桌子上。停顿了一下，垂下眼睛，然后把手掌

第二部分
文化中的四股力量

放在膝盖上。"当我抚养我的几个女儿时,这是我唯一的平底锅。为了把肉塞进去,我不得不把末端切掉。我一直是这样做的。所以我的女儿们也一直这样做。"

就一直这样做。当谢丽尔思考这个短语时,她意识到我们做事情的方式往往是模仿我们看到别人做同样事情的方式。我们观察,我们模仿。我们的模仿进化成与其他习惯相结合的习惯,形成定义我们文化的集体惯例。习惯非但不会永久不变,反而会以戏剧性的、潜移默化的方式改变,尽管用处不大或效果不理想。给米兰达一个更大的平底锅和一把更小的刀,她可能就不再需要切掉烤肉的末端了。

不管这个寓言的真正起源是什么,它的道理适用于所有文化,包括那些高度进化的全球公司。各种形式的社会生活(家庭、部落、团队、公司、政府、跨越世界的企业)有着细微的区别、复杂的等级制度和明确的规则,它是一个不断发展的、流动的过程,是一个创造工作习惯的过程,也是一个创造拥有共同价值观的群体的归属感的过程。习惯对文化具有强大的影响力,正如所有的文化基因一样,它们就像自动驾驶仪一样运行,从一个人传播到另一个人,影响着他们行为的方方面面。习惯的力量从未停止对我们的影响。它赋予我们的工作和个人生活意义并制定秩序。

当然,如果是好习惯的话,这当然很好。但如果是坏习惯呢?他们同样也可以在组织中发挥强大的力量。文化有时一直在培养坏习惯,产生有毒的环境,令人棘手。即使是好习惯,当与组织的需要不同步时，也会变成坏习惯，最终拖垮最佳策略。仅仅制定一个愿景并将人们团结起来是不够的。你需要将正能量引入工作中，日复一日，反映并强化你的文化。让习惯的力量沿着正确的轨迹传递，你的愿景就会势不可挡。不要轻视积累的力量，"不积跬步，无以至千里"，这些跬步汇合在一起就定义了你的群体和它的成功。

制定文化规则

威廉·詹姆斯把养成帮助我们相处和取得成果的习惯的过程称为"社会的大飞轮"（great flywheel of society）。人类学家皮埃尔·布尔迪厄经常用"对竞赛的感觉"来比喻这种现象。当一个快球以接近每小时 100 英里[①]的速度冲向本垒板时，击球手很清楚该怎么做，因为他已经对这项运动产生了敏锐的感觉。米兰达参与的是"切掉烤肉末端"的竞赛。商人们也能感受到他们组织中所参与的竞赛，或者用文化术语来说，"我们在这里做事的方式"。了解并遵守规则才能让社会的飞轮继续转动。

我们只是一直这样做。

由于飞轮在我们的日常生活中不停地旋转（做饭和交谈，寻找伴侣和抚养家庭，选举领导人和制定法律，建造摩天大楼和创建公司），我们经常觉得规则就像木偶主人手中操纵的线。

[①] 1 英里 =1.609344 千米。——编者注

第二部分
文化中的四股力量

但实际上，我们每个人都参与创建了某些行为规则，我们的力量虽然微小但十分重要。米兰达的外祖母并没有打算制定切肉的方法。她只是做了她需要做的事，这个习惯也传给了她的孙女。最终，米兰达的女儿收到了一个更大的平底锅作为新婚礼物，她可能会制定一个新的规则，保持烤肉的末端完好无损。

有时旧规则会失去作用。20世纪90年代中期，里德·黑斯廷斯（Reed Hastings）在18个月内收购了三家公司，并将由此产生的企业集团纯硬件（Pure Hardware）继续发展成为一家价值超过5亿美元的公司。纯硬件是一家为尤内克斯（Unix）软件开发人员生产工具的企业。他主持与公司高管的会议的感觉就像他们在进行角斗比赛一样，这让他获得了"野兽"的绰号。黑斯廷斯后来回忆道："当时一片混乱。"所有的"肉搏战"导致了惊人的高管离职率。回顾那段动荡的时光，黑斯廷斯承认："我们都很年轻，不知道该怎么做。"然而，在财政上，混乱导致了后果。1997年，野兽（The Animal）以7.5亿美元的价格售出了纯硬件，但这一结果却留下了一种完全的"毒"文化。《财富》杂志的一篇人物简介称："（黑斯廷斯）协助建立了一家他不想参与的公司。"

布尔迪厄的新一任母公司瑞理软件公司（Rational Software）在其收购中引入了一种更加健康的文化。黑斯廷斯从研究这种变化中获得了重要的见解。"他们的运作方式是如此不同——他们之间的信任程度和互动质量令人难以忘怀。这就像一颗北斗星，我想朝着它前进。"

他把这种想法带到了他的下一个项目奈飞（Netflix）上。他厌倦了为DVD租赁支付大量的滞纳金，之后他创办了这家公司。这一次，他想创造一个他真正想要为之工作的文化环境。为了落实他关于建立一个健全的工作环境的想法，他撰写了《自由与责任文化》(*Freedom and Responsibility Culture*)，并将这份宣言转化为128张幻灯片，这在硅谷疯传开来。帕蒂·麦考德（Patty McCord）曾在纯硬件负责人力资源工作，后来（用她自己的话说）又"愿意"与黑斯廷斯在奈飞"合作"。后来，她写了一本书，讲述了黑斯廷斯在宣言中阐述的原则。麦考德的《强大的力量：建立一种自由和责任的文化》(*Powerful: Building a Culture of Freedom and Responsibility*)和黑斯廷斯的宣言形成了公司运作的详细操作手册。以员工的眼光去看这本书，你会看到一个操作指南：

- **如何相处**。据帕蒂·麦科德所言，奈飞"以一种优美而睿智的方式争论来梳理出别人的观点。"尊重可以防止争论变成辱骂。黑斯廷斯，这个以前被称为"野兽"的人，在回忆他在纯硬件公司的任期时说："我要诚实和直接得多，并且不再充满反骨。"现在，他不再攻击别人，而是以积极的态度探索个体差异。对于一个他不喜欢的想法，他可能会说："我不明白你为什么认为那是明智的，向我解释一下。"关于他新的工作方式，黑斯廷斯说："在纯硬件公司，我根本不知道该怎么做。"在过去，和睦相处并不是首要任务。

- **如何取得进步。**"薪酬，"麦考德写道，"这是一种判断方式。"那根据工作表现支付工资的正式指导方针呢？正如麦考德所说："工作不是小部件，人也不是。"虽然经理可能会发现基准工资数据很有用，但关于薪酬的最终决定应该考虑到员工的整体价值，并相应地给他支付报酬。其中一些价值，如对同事的积极影响或非正式领导的表现，是无法量化的。在奈飞，绩效考核与薪酬关系不大，薪酬的决定更多的是与获得和磨炼所需的技能有关。员工在工作中越发得心应手，也取得了进步。

- **如何取得成果。**在奈飞，工作的满意度来自完成需要完成的工作。"如果你在寻找额外待遇，"麦考德说，"这是一个错误的地方。我们在这里的乐趣都来自制造产品。"人们可以提出颠覆性的想法并从中获得很多乐趣，从而在与竞争对手的比拼中占据主导地位。黑斯廷斯本人在 21 世纪初的这一过程中获得了巨大的成功，当时他预见到基于网络的传输方式出现后，DVD 的邮寄方式会过时。这种颠覆性的洞察力促使他将业务重组为流媒体视频业务。不久之后，他再次将公司转型，使其成为领先的电影制作工作室之一。2019 年，该公司备受瞩目的电影之一《爱尔兰人》(*The Irishman*) 获得了多项奥斯卡提名。

新的习惯推动了奈飞的文化。仔细阅读最初的"自由与责任文化"幻灯片，你会发现，25年后，这种习惯在奈飞的员工中仍然极为常见，因为他们以一种"好胜的但友好的方式"相互交流，给予并获得建设性的反馈以帮助彼此提高，并在提供服务时敏锐地注意到他们未来需要做什么才能持续击败竞争对手。

奈飞的传奇说明了文化建设的一个极其重要的方面。黑斯廷斯和麦考德把一切都写在纸上，忠实地记录了奈飞的所需。他们不仅宣扬新的福音，还写了一本详细的圣经，通过详细说明愿景在实践中到底是什么，将愿景照进现实。他们回答了最基本的问题：我实际上会日复一日地做些什么？

将规则仪式化

与黑斯廷斯和麦考德一样，投资公司桥水联合基金（Bridgewater Associates）的创始人瑞·达利欧（Ray Dalio）也写下了大量关于公司独特文化的文章。他的这本书极其全面且独特，书名很简单，就叫作《原则》(*Principles*)。书中提出了许多富有洞见的哲学见解，例如"金钱是卓越的副产品，而不是目标。"这家公司取得了令人印象深刻的实际成果，这为他在"福布斯400富豪榜"赢得了一席之地，在这过程中，他的许

第二部分
文化中的四股力量

多客户们都成了富翁。达利欧的《原则》和麦考德的《强大的力量：建立一种自由和责任的文化》一样，都是文化建设的出色指南。它使处于基层的人们能够将书中的具体原则付诸实践。

"我想出了计划，现在该你们付诸行动了。"

举个例子：每周，达利欧都会主持一个主题为"世界上发生了什么？"的会议，他在这场会议中扮演了一个严厉的金融老师的角色。在一次会议上，达利欧主持了一场关于全球商品价格的讨论。当他询问大家对中国市场趋势的看法时，一位年轻的同事开始预测中国经济将放缓。达利欧突然打断了他，说："你是直接给我答案，还是要让我猜测？"这位同事回答说，他可以根据有依据的猜测作出预测。"别这么做，"达利欧回答，

"你总是想这样做，我们以前谈论过这个问题。"年轻人反驳了他的话，但达利欧继续向其施压。最终，这位同事让步了，承认他需要在更深入的研究基础上进行再次计算。

尽管许多领导喜欢这种坦诚反馈，但很少有人能够做好。他们常常把原本教育的时刻变成了公开恐吓。是什么让达利欧的方法没有沦落到那种地步？是他和助理公开评价对方在谈话中的表现。这一双向的方式消除了指责看似纯粹是这位合伙人预测的想法。这种交流并不局限于高层会议。在整个公司内，员工都可以使用一款名为"点收集器"（Dot Collector）的应用程序，并根据共同遵守的公司核心原则的程度给对方打1~10分的分数。在公司"努力保持同步"的情况下，每个人都可以看到其他人最直观的评分。这就是达利欧和他年轻的同事在会议中所做的。若他们等着分享建设性的反馈，那么这种拖延会影响学习经验的分享。这听起来是不是有点激进？也许吧，但它确实有效地嵌入了桥水联合基金文化并成为其中一个重要组成部分，为自发性的互动提供了一种解毒剂，在这种互动中，人们无须反馈，只需要推进自己的议程，他们不用考虑是否需要证明自己的对错。

点收集器的过程说明了组织将习惯发展为仪式的一种方式，这些仪式反映并强化了文化的定义。事实上，在21世纪的组织中，任何一种互动都可以像几千年来仪式化的社交活动一样发挥作用。在前现代社会，仪式不仅关联加冕皇后或发动战争等重大事件，还标志着种植和收获庄稼等常见事件。无论人们在何处聚会,他们或多或少都会进行某种仪式以展示"我们的实践方式"。

英国人类学家维克多·特纳(Victor Turner)将这些聚会称为"社会戏剧"(Social dramas),因为它们与有剧本、角色甚至服装的戏剧表演相类似。经过几十年的实地调查和分析,在他职业生涯接近尾声时,特纳终于得出了结论:这些表演在人类历史中的每个社会阶段都上演着。

仪式实际上植根于我们的 DNA 中,促使了构成文化的习惯。每个仪式都代表着我们重申或改变习惯,从而来加强或修改现有文化的时刻。在每一次的仪式中,那些参与社会戏剧的人都代表着支持"在这里做事的方式"。大型社交飞轮不断旋转和生产文化。你应该认识到,每当你的团队聚集在一起进行战略规划项目、场外团队务虚会、每周员工会议、视频电话会议或关于绩效评估的对话时,你都处于一种在仪式上与他人互动的过程。每一个场合都有机会加强组织的愿景和驱动它的原则。

重塑并强化规则

有时一种文化需要耗费几十年的时间才能改变。通常,在一个大的转变将习惯扭向新的方向之前,都会发生一系列小的转变。有时候这一切都于瞬息之间改变,此话不假。这就是为什么你应该经常检查环境,寻找即将发生变化的蛛丝马迹和震耳欲聋的爆炸声，因为它们划开了与过去的重大分界线。

1853年7月8日，一次爆炸改变了整个国家的文化。那天发生的一切堪称是一个戏剧性寓言故事。美国海军准将马休·佩里（Matthew Perry）带领两艘轮船、两艘帆船和一支全副武装的水手和海军陆战队中队驶入东京湾。佩里手中拿着美国总统米勒德·菲尔莫尔（Millard Fillmore）的一封信，信的开头是这样写的："我已指示佩里，向陛下保证，对陛下个人与政府怀有最友好的诚意。此次派佩里去日本并无他心，只是向陛下建议，美国和日本应该保持友谊，并相互开展商业往来。"佩里传达了这一书面信息，然后在离开之际向空中鸣枪。

"听起来像远处的雷声，"一名日本观察员说到，"群山回响着枪声。这是多么可怕，江户（现在的东京）的人们都非常害怕。"几十年来，日本一直杜绝与美国贸易。在强大的文化自豪感的影响下，日本统治者认为只有他们才有选择正确的贸易伙伴的权力。一位有影响力的民族主义思想家说："日本处于地球的顶端，这让它成了世界各国的标准。"随着令人不安的爆炸声在海湾里回荡，即使是最狂热的民族主义者也能知晓，由于缺乏抵抗菲尔莫尔通商倡议的军事力量，日本已经从地球的顶端坠落，他们无法避免与美国进行贸易。

2014年5月，当迪恩·巴奎（Dean Baquet）成为《纽约时报》的执行主编时，他预感一场戏剧性的转变即将到来。他预见到，在不久的将来，形势将从根本上改变该报的编辑决策。过去，《纽约时报》的决策者会参加一个高度结构化的"首页"

> **第二部分**
> 文化中的四股力量

（Page One）会议，这种会议自1946年创刊以来一直在不断发展。在上午10点和下午4点的讨论之后，高级编辑们将公布放在第二天A1头版的文章"阵容"。编辑部二十几位编辑围坐在一张巨大的会议桌旁，推销他们的"稿子"或故事。一名参与者回忆说："这些桌子上放置着他们的故事，它们会被献给奥林匹克之神，然后被细细审判，并进行较量，最后看谁能够夺魁。"另一位编辑评论道："下午4点的会议主题成了传说。"

而后剧变来临。读者一直在稳步地转移到像《德拉吉报道》（Drudge Report）这样的在线新闻网站。《纽约时报》2014年的一份内部备忘录显示，纸质版的读者正在逐渐减少。而报纸的网站主页，"只有1/3的读者访问过它。"巴奎听着公司船头上回荡着的警告声，意识到该报社的文化需要进行重大改革。游戏已经改变了，那么规则必须顺势改变。新游戏的第一个惯例及其所有辅助规则便是旧的首页会议。报头助理编辑山姆·多尔尼克（Sam Dolnick）解释说："我们有意改变这次会议，借此来改变编辑部的文化和价值观。改变编辑们的聚集方式，比如他们谈论什么，每项内容需要多少时间，传播媒体是什么——通过这种方式提供一种推动新闻编辑部文化走向新的数字现实的方法。"

新游戏，新规则。航母般的会议桌消失了，取而代之的是一张更小却更舒适的会议桌。参会者们坐在不起眼的绿色转椅上，他们可以看到一台巨大的平板电视，上面显示着《纽约时报》的主页，其不断刷新着新内容。决策者们沉浸在新的数字现实中。由于互联网上的新闻更新周期快到瞬时同步，该公司决定让一个小组在下午3∶30开会决定当天的纸质版，而一个稍大的小组在下午4点开会，根据第二天的报道内容交流更多样的想法。然而，当《纽约时报》的智囊团不再口述内容，而是开始尊重读者想要看到的东西时。最大的转变出现了。

新游戏，新规则，新习惯，新方式。在发送给全体员工的一封电子邮件中，巴奎写道："我们的想法是在上午更快地动员起来，这样我们就可以更早地开始制定新闻和企业的优先事项，并将印刷首页的讨论从下午的会议中移出，以便专注于报道，而不管新闻出现在哪里，我们都要为第二天上午策划数字报道。"一出崭新的社会戏剧拉开了帷幕。

通过改变剧情来改变游戏

当你决定改变文化游戏时，我们建议你借鉴社会科学家对仪式本质的研究成果。这都可归结为4条原则，这些原则用来创造催生新习惯的时刻，并将其深入组织的日常事务之中。

搭建舞台

要想创造有意义的时刻，你必须认真准备。以传统的会议为例，会议往往会招来相当多的不屑。正如有人所讽刺的那样："会议是一种明明可以通过几分钟阐述清楚，却偏要花费几小时来长篇大论的活动。"但事情并非完全如此。一个精心设计和组织的会议，可以促使参会者更快地寻找问题的创造性解决方案。正如组织专家普丽娅·帕克（Priya Parker）所提醒的：每次会议都提供了一个机会，能够让我们充分认识到两点：这就是我们，这就是我们的工作方式。

事实上，一个企业的整个发展轨迹都可以在这种不起眼的会议上展开。东南亚星展银行（DBS）的案例完全可以佐证这一事实。这家机构曾经被嘲笑为一家"慢得要死"（Damn Bloody Slow）的极度僵化的公司，但它后来摇身一变，成了一家领先的数字金融公司，并且被行业观察人士誉为全球最好的银行之一。这一切始于2009年，当时的首席执行官普里亚什·格普塔（Priyash Gupta）发现，无法掌握新技术的金融机构将很快落后于精通技术的竞争对手。他那奄奄一息的组织能否发展出掌握金融领域新业务方式所需的敏捷性？

在新加坡举行的星展集团高层领导人会议上，该集团发现了进行必要的文化变革的最大障碍之一：他们的会议经常会演变为嘈杂且无目的的争辩。人们在没有明确会议议程的情况下参加会议，他们落座，想到什么便说什么。并不与问题相关的争论随之而来。这样的会议设置阻止了任何激发创造性思维想出的强大的建设性战斗来解决问题的可能性。星展集团如何才能将其毫无成效的争辩，转变成能帮助公司取得杰出成果且富有吸引力的讨论？答案是MOJO。MO代表指定的会议负责人，他要确保会议按照既定的轨道进行，并涵盖所有议程项目。JO代表愉快的观察者，指那些对参与者负责并确保他们全身心投入的负责人。正如向东南亚星展银行介绍这一惯例的顾问发表在《哈佛商业评论》上的文章《打破创新的障碍》(*Breaking the Barriers to Innovation*)中所描述的那样，JO可以充当一个通配符，而就像命令每个人把设备放在桌子中央避免分心一般，MO会压制异议。

MOJO体现了一种全新的思考、讨论和解决问题的方式。MOJO主持的每次会议，都证实了普丽娅·帕克的两条结论——生动表现出"这就是我们""这就是我们做事的方式"。

走进聚光灯中

夏普医疗保健公司(Sharp Healthcare)的高管索尼娅·罗兹(Sonia Rhodes)说服了首席执行官迈克尔·墨菲(Michael Murphy)：公司必须抓紧时间解决服务问题。索尼娅的父亲在夏普的一家医院经历了一段失望的治疗后，她就成了提高医疗质量的福音传播者。"他们对待我父亲就像对待一个虚弱的老人。我想告诉他们：'他可是个物理学家，经营着一家制造卫星的公司！'"

墨菲、罗兹和高管们花了几个月的时间研究和访问凭借提供世界级服务而闻名的公司。当他们意识到一流的客户体验始于一流的员工体验时，他们最大的"顿悟"时刻到来了。基于这一见解，夏普萌生了一个想法：将全部1.2万名员工聚集在一起，在圣迭戈会议中心(San Diego Convention Center)举行一场为期两天的盛大仪式，启动一场文化变革。

第二部分
文化中的四股力量

墨菲是一个靠数字为生的金融从业者,他承认:"我不是那种想登上大舞台的人。"但他确实做到了。那是因为他意识到,如果他想要灌输给人以新的习惯,他不能只是颁布一条法令。他必须向他的员工表明,他已经全身心地投入这项事业中。当你作为领导时,你就是权威的象征,其他人将从你的身上寻找行为准则。他们将把你的行为解读为"这就是我们"和"这就是我们的工作方式"的指南。

带着这种想法,墨菲走上了舞台。面对成千上万张带着期待的脸庞,他说:"这段新的旅程需要勇气。我们正在制定一条不同的路线,因为我们相信,为了成为最好,我们必须这样做。"他将他所有的热情聚集于人群之中。"如果员工有更好的想法,我们洗耳恭听!"他宣称,公司的目标是创建"全宇宙最好的医疗保健系统"。

参加了圣迭戈活动的护士凯西·罗丁(Kathy Rodean)感到满意。"我们习惯在周五下午通过电子邮件得到更改指令,"她说。她说,墨菲传达的信息毫不含糊:"'这是我们的愿景,我们希望你们能参与其中,然后实现我们的目标。'这是一种截然不同的哲学,它真正把人们团结在了一起。"她回忆说:"会议结束后,人们热泪盈眶,相拥而泣,互相击掌。就连那些反对此事的人也热泪满眶。"

作为一名文化建设者,你需要走上舞台,走向聚光灯,这句话无论是字面上还是隐喻上都对你适用。要想从一部社交剧中收获最大,让其意义深远,仅仅谈论你希望人们养成的习惯是不够的，你还必须上台表演。

邀请观众互动

2018年，福特汽车公司宣布吉姆·哈克特（Jim Hackett）将成为下一任首席执行官，这出乎人们的预料。在《财富》杂志中，杰里·乌西姆对哈克特的描述非常生动，他将哈克特称为"家具制造商"。平心而论，这位福特公司的高管曾管理过市值30亿美元的世楷（Steelcase）公司，该公司是全球领先的办公家具企业之一。尽管他有着出色的企业背景，但这一消息还是震惊了汽车行业人士，他们认为这家汽车制造商需要一位技术更专业的领导者来掌舵。

作为世楷公司的创始人，哈克特非常热衷于设计思维，这是一种专注于用户体验的产品开发哲学。出乎意料的是，他请来了人类学家和社会学家，让他们深入了解有血有肉的人是如何坐在办公桌椅子上工作的。现在，身处福特最高职位的他运用自己对设计思维的信仰来改变福特的文化。这一激进举措最初震惊了福特的老员工。一本新的缩写词典，如HMI（人机界面），突然取代了福特老员工长期珍视的术语。一开始，这听起来像是企业的时髦用语。正如该公司全球产品开发主管达伦·帕尔默（Darren Palmer）回忆的那样："人们在交谈，但却无法理解对方。"福特团队的负责人菲尔·梅森（Phil Mason）将工程师、程序员和营销专家参加的会议描述为"猫狗斗"。让梅森松了一口气的是，"大约4天后，他们说：'等等，这根本行不通。'"

为了解决这个问题,研究人员要求这些吵架的"猫狗"从那些觉得福特的顾客体验不那么满意的司机那里收集故事。亮点包括:"我在野营旅行,却没有充电器!我的备用品在哪?"以及"在约会之夜,我不能被导航系统打扰。"达伦·帕尔默觉得这段搜集故事的经历令人振奋。"它帮助每个人意识到他们的语言是相同的。"梅森同意了。"人们想要自己的东西。如果他们使用声破天(Spotify)[1],那么他们只会一直使用声破天,而不是汽车制造商的替代系统。"所有这些反馈的根本是什么?是缺乏有效的设计思维。

最优秀的仪式能让每个人参与其中,无论他们各自说着怎样的行话。当每个人都生活在新的文化中,他们便可以一起前进。你可以通过让每个人都参与进来以此取得让人满意的成就。如果你起了一个好头,当你离开舞台时,其他人就会冲进聚光灯中。

返场加演

这是乔(Joe)在工厂车间艰难的一天,因为他一直在努力把一个顽固的尾灯塞进汽车框架。公司总裁在每周巡视工厂时,注意到了乔的沮丧表现,于是他走过去帮助了乔。该公司最近推出了新的程序,鼓励生产线工人拉一根绳子来寻求支

---

[1] 声破天:全球最大的流媒体音乐服务平台。——编者注

援，拉动绳子时生产会暂时停止，直到问题解决。如果不这样做，就可能会导致装配错误，甚至造成更有害的后果。

总裁注意到了乔的名牌，说："乔，请拉动绳子。"
"我能修好它，先生。"乔回答。
"乔，请拉一下绳子。"
"先生，我能解决这个问题。"
"乔，拜托了。"
总裁拉着乔的手，一起拉动了绳子。然后，总裁后退了一步，向乔鞠了一躬。
"乔，请原谅我。我做得太差了，我只叮嘱你的负责人，在你遇到问题的时候，只关心拉绳子的重要性。你才是公司最重要的一部分。只有你能保证每辆车顺利生产。我向你保证，我会尽我所能，再也不让你失望了。"

这一交流实际上发生在 1984 年一名工厂工人和丰田公司创始人的孙子丰田章男之间。一个月前，丰田公司与合作伙伴通用汽车公司在加利福尼亚州弗里蒙特市开设了一家工厂，当时乔已经接受了生产线程序的培训。这是一场经典的仪式表演，它成了一种传奇，在整个文化中不断蔓延，影响了一次又一次的返场表演。

仪式会强化并推动了使文化发展的习惯，但要想让人们坚持下去，就需要再来一场表演。在安全培训课程结束后很长一段时间里，文化记忆和不断重复会使新习惯根深蒂固。抓住机会继续推动你想鼓励的行为，越简单越好，比如"拉绳子"。大量行为科学研究告诉我们，当行为源自简单、难忘的经历时，就会逐步转变为习惯。它们越简单，就越容易被记住，人们就越有可能日复一日地执行它们。

正如组织发展顾问玛丽（Mary）和戴维·舍温（David Sherwin）所说："团队是一种选择。每一天，每一次会面，每一个最后期限，每个人都会选择成为一个团队成员。"无论大小，这适用所有的团队。在你自己的团队里，无论你是否意识到，人们每天都在做出选择，并重申他们的成员身份，他们作为团队成员的身份，以及决定"这里的事情是怎么做的"的习惯。例行公事迫使你关闭自动驾驶仪，让这些选择变得有意义。

在下一章，我们将把重点从习惯转移到创新，向你展示如何通过将创造力作为你所做一切事情的中心部分来维持文化的新鲜感。

关键要点

- 制定公司文化的规则。
- 将规则仪式化。
- 重塑并强化规则。
- 通过改变剧情来改变游戏。

第七章 蓬勃思想：培养创新灵感

简单回顾一下20世纪，便可总结出一个有关创新力量惊人且永恒的真理：它就如呼吸一般，无处不在、无孔不入地渗透进你的身体组织，维系着生命，孕育着新想法。若你能好好利用这足以赋予新生的能量，你可能可以位列亚马逊、苹果和谷歌等这些21世纪游戏规则改变者之中。

然而，在20世纪80年代，通用汽车股东们黑着脸，眼睁睁地看着他们的股票价值下跌，这家墨守成规的公司的市场份额从60%到近45%，下降了整整15%。为了扭转局面，陷入困境的通用汽车高管推出了全面质量管理（TQM），这是一个新奇的想法，十分符合美国企业界的想象力。基于统计工程师W·爱德华兹·戴明（W. Edwards Deming）的理念，全面质量管理促使"二战"后的日本成为汽车、电子等产品的强国。戴明（Deming）宣扬了持续改进的福音。通用汽车的领导们希望能说服工人们加入这一行列。说起来容易做起来难。事实证明，实施全面质量管理需要的不仅仅是数字运算。只有通过文化转型，通用汽车才能将传统上对生产力的重视（每班生产一定数量的汽车）与全面质量管理（将最优质的汽车从生产线上推出）结合起来。

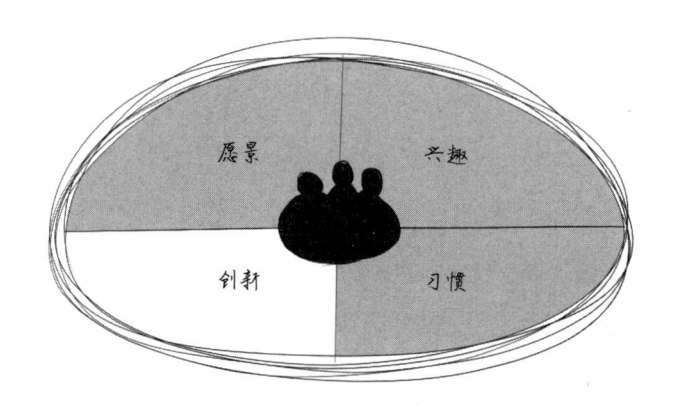

[图：椭圆内分为四个象限，分别标注"愿景"、"兴趣"、"创新"、"习惯"]

还记得我们第五章的伊丽莎白·布莱迪吗？她在这场传奇中充当配角，花了近20年的时间帮助通用汽车调整其质量项目。她甚至与人合著了《文化转型》[①]（*Transforming Culture*）一书，在这本曾经获奖的书里，她详细描述了各种内幕。

这与人类创新动力的永恒真理有什么关系呢？虽然从表面上看，通用汽车的全面质量管理似乎是一个为人熟知的商学院案例研究，它将通用汽车的僵化文化与变革需求进行了较量，但布莱迪挖掘了一个不起眼的事实：创新和适应都萌芽于通用汽车古板的旧文化中一个不经意的小角落。

布莱迪报告说，在她的工作期间，她约谈了"比尔"，一个在通用汽车生产线上的材料处理工。比尔解释了长期影响他

---

① 书籍名自译。——译者注

的团队表现的障碍。"如果你承认某件事是你的错,你就必须为此付出代价。它表明你没有……完成工作。"他这话何意?他说:"第一条经验法则是'掩盖你的错误'。如果你承认自己有错,可能你在这个群体上就无法立足。""掩盖你的错误"这一规则只会让比尔的工作更加困难。他需要想出一个史无前例的方法,既要追求质量,又能够达到生产份额。正如一位同事所说:"通用汽车在高质量课程和合作上投入了大量资金。他们已经做了研究,但不愿做出任何改变。"另一名员工补充说:"问题是我们没办法拿到我们所需要的用得顺手的工具。我们已经试用了另一种气枪几周了,但我们不能一直使用它……整个运作系统都混乱了。"为了完成他们的工作,各个团队开始玩一种聪明的捉迷藏游戏,寻找并储存他们所需的零件和工具。熟悉这个游戏可以帮助玩家减少生产线的停工。

"捉迷藏"证明,即使空气变得稀缺,人类想要解决问题的自然冲动也从未停止。人们真心渴望取得成果。然而,有时这种驱动力会导致员工"玩弄体制"。换句话说,即使这意味着要违反官方的规定,一个决心取得成果的人也会创造出变通的办法来解决任何突然冒出的问题。在通用汽车公司,生产线上的工人们开始熟练地玩这种内部捉迷藏的游戏。当然,在理想世界里,工人们会把他们所有的精力放在如何打败竞争对手上,而不是为了资源而互相斗争。

布莱迪目睹了创新带来的错误。但同时她也看到,创造力可以在高层领导的容忍范围内发挥作用。在本章,我们将向你展示如何利用这种创造力,利用这种创新的自然力量来取得你需要的结果。

适应传统规则,赢得创新游戏

材料处理工比尔需要在上班时间把必要的零件交给一线制造汽车的装配工人。这听起来像是一项简单的工作,但它却需要源源不断的创造力。20世纪80年代,尽管全面质量管理程序已经面世,但工人们还是需要尽其所能达到"产量",即每班完成车辆的量化目标。当你需要在压力下达到总量目标时,你能保证整体的质量吗?比尔的另一位同事说:"通用汽车要的是数字和效率。"保证质量就有可能导致生产线关闭或者降低生产量,由于没有人愿意冒着因此而受到指责的风险,质量往往最终让位于产量。进入创新阶段时,还需要确保有足够的零部件储备来维持生产线的运转。比尔在这场高风险的游戏中表现得极其出色,他就像一个世界级的赛车手。他坐在一辆机动车里,花费几小时在工厂车间快速穿梭,装配工人则坐在副驾驶的位置上,注视着那些可以用来切割的零件。

比尔确实很忙,他一周要花费 1/4 的时间来玩这个游戏。就像比尔的同伴所说:"我几乎觉得我们就是一个游戏棋盘的一部分,或者是比赛的一部分,这个游戏就是看谁能最先找到零件然后回家。"比赛无情地继续着,时钟一直滴答作响。"比赛真的永远不会结束。(有一次)我们回家的时候,他的工头递给我们两张纸，上面写着'加急'。这些部件几乎是立刻就需要的。"然而，你应该收集哪些部件却并不是最重要的，因为你永远不知道什么时候哪个部件会派上用场。另一位名叫史蒂夫（Steve）的材料处理工承认："很多人囤积某些零件，把它们放在储物柜里，有时即使存储的地方不对，但只要他们知道在哪就行。"

必要时也要讨价还价。史蒂夫很擅长此事。"有时我会和另一个部门讨价还价……以获得我所需要的东西。他们可能有（我需要的零件）……这些零件在工厂的其他地方也找不到。"在某些情况下，你只能凑合。"他们可能会说，他们只能提供一些（少数部分）了。好吧，这总比没有好。"迅速进行交易，行车永不停止，史蒂夫熟练地玩游戏，就好像他的生命的意义就在于此。

每时每刻，在世界各地大大小小的组织中，无论是否意识到这一点，员工们都在玩像捉迷藏这样的游戏。但是对于领导者来说，玩游戏似乎只是在浪费时间和人力资源。在某种程度上，确实如此。世界上"比尔"和"史蒂夫"这类工人通常会浪费大把的时间来创造复杂的变通方案，这只是为了完成他们的工作。但这种变通往往体现出惊人的独创性。如果你能找到一种方式来主导和引导这种创造性解决问题的方法，你就可以将你的员工变成你所需要的引擎，推动你的组织取得最高水平的成功。

正如我们提出的，人类已经具备了一种独特的创造力。哈佛大学的研究员艾琳·麦克纳尔蒂（Erin McNulty）认为，进化赋予了我们"群体智能"，这是一种与生俱来的能力，当群体面临集体生存的威胁时，这种能力就会被激活。通过合作，我们的远古祖先想出了比体积更庞大、力量更强、速度更快的动物更有效地控制环境的方法。在随后的几代人中，人们不停地一起工作：建造更坚固的房屋，种植更多产的庄稼，并创造出了精心设计的仪式，以此加强他们对群体的归属感。在《日常生活实践》(*The Practice of Everyday Life*)一书的作者，法国人类学家米歇尔·德·塞托（Michel de Certeau）看来，这种解决问题的方式类似"偷猎"。这是一个永恒的过程，调整从上一代人继承下来的过时规则，以达到今天需要的结果。每一个团队每一天都在做这件事，这常常是不加思考的，因为团队成员会想尽一切办法在充满挑战、不断变化的环境中取得成功。

理解创新的本质

"创新"已经成为一个流行词语。因为过度使用，其原始意义已荡然无存。然而，创新的实际过程对任何组织的持续成功都是至关重要的。不管你将它称做什么，你都需要了解它的工作原理。

电影导演罗恩·霍华德（Ron Howard）在电影《阿波罗13号》(*Apollo 13*)中给出了一个精彩的定义。霍华德的电影讲述了一次在主服务舱的氧气罐爆炸后，几乎以灾难告终的痛苦的绕月飞行故事。在休斯敦指挥中心,疯狂的工程师们组建了一个"老虎队",用来研发备用的二氧化碳过滤器。从他们焦虑的表情中我们可以捕捉到那种生死攸关的压力。如果团队研发失败了,在太空中飞行的宇航员很快就会由于吸入有毒的大气而窒息。会议室里气氛紧张,机组人员行动组的负责人把各种各样的材料随意地摆放在桌子上:软管、袋子、胶带和其他零零碎碎的东西。他指着这堆东西,举起一个和舱上一样的二氧化碳过滤器,说:"我们得想办法把这个放进这个洞里,除此之外,别无他法。""老虎"团队的成员团结一心疯狂地工作,对一个又一个设计进行了修改,终于找到了一个解决方案。他们从那堆不匹配的物品中拿出物品,拼凑出了一个他们称为"邮箱"的装置。他们成功了。宇航员们安全地绕月飞行并成功返回了家园。

大多数的创新来自这种修修补补、不断完善,而不是来自刻意、强制又或者一步一步地寻找解决方案。它发生在你处理日常事务的时候。想象一下,一位数学教授安静地坐在她的书房里,编制着日常的方程式,突然之间,一个困扰她多年的问题有了解决方法。或者再想象一下,打印店的助手正在做他的日常工作,灵光一闪,突然发现一个回形针便可以防止机器故障,避免浪费大量的纸张。艺术家查克·克洛斯(Chuck Close)的画作悬挂在纽约现代艺术博物馆(Museum of Modern Art),他曾经说过:"灵感是留给业余爱好者的。我们剩下的人只需要按部就班。如果你只是坐等乌云散去,一道闪电击中你

第二部分
文化中的四股力量

的大脑，守株待兔式地工作，你就不可能硕果累累。一切最好的想法都来自做这件事的过程，来自工作本身。"

创意来自工作本身。这是指导皮克斯动画制片人卡特穆尔的基本原则，我们在第三章提到过此人。他组织了一个名为"智囊团"（Brain-trust）的每周午餐俱乐部，同事们聚在一起交换对一部电影最初版本的想法。卡特穆尔解释了这些会议背后的逻辑："我们的业务，与所有的业务一样，有一种倾向：重视想法而非重视某个人或某个团队，但这种描述并不准确。把一个好主意交给一个平庸的团队，他们会想办法把它搞砸；把一个平庸的想法交给一个优秀的团队，他们会想办法把它做得更好。"这是一个正确的结论。当你需要解决一个问题或改进一个产品或服务时，应该让一个优秀的团队去做这件事。

这就是通用汽车工厂在玩捉迷藏游戏时会产生一些最佳想法的原因。材料处理工和装配工需要保持车辆在生产线上滚动，同时努力确保最高的质量。没有经理告诉他们应该怎么做。他们集思广益，想出了一个切实可行的办法。这就是人们如何在正确的支持下完成他们的工作，即使这是在最具挑战性的情况下；这就是智囊团不断推出热门作品的秘诀；这就是查克·克洛斯成为受人敬仰的艺术家的原因。美国国家航空航天局（NASA）的工程师就是用这种方法制造"邮箱"的。这是首席执行官完成的吗？不是；这是高级领导团队做到的吗？不是；中层管理者会这样做吗？也不会。这是做这项工作的人创造出来的。如果再放手给予一定的支持，他们会以让老板出乎意料的方式完成任务。正如塞托所说:"提醒自己永远不要把别人当傻瓜,这永远不会出错。"或者恰似埃德·卡特穆尔的观点:"要以人为本,而非想法至上。"

那么,创新的真正本质是什么呢?促进创新的环境是什么样的?我们发现了以下三个共同的特征。

1. 它是一个不断适应文化和社会的过程

没有人会想到通用汽车工厂是创造力的发源地,但事实上,创新的过程从未停止,一直在公司的雷达下嗡嗡作响。比尔、史蒂夫和他们的同事开发和完善了一个精致的系统,来用于寻找、隐藏并交易零部件。我们将其看作是一种修修补补、不断完善。这个群体具有某些共同的文化特征,然后形成了一个社会单位。换句话说,他们组成了一个群体,并一起玩这个游戏。即使是查克·克洛斯一个人在他的工作室里画画,他也参与了文化和社交圈,当然这个理论同样也包括其他艺术家、画廊老板和艺术爱好者。14岁时,查克·克洛斯看到了杰克逊·波洛克(Jackson Pollock)的画作,于是决心追随这位艺术家的脚步。后来,克洛斯沉浸在纽约市中心的艺术舞台上,在那里他受到了著名的舞蹈家和作曲家的影响,如康宁汉(Merce Cunningham)和菲利普·格拉斯(Philip Glass)。正如创新专家斯蒂芬·约翰逊(Stephen Johnson)所说,新想法很少产生于"光荣孤立(glorious isolation)"。

2. 它抵制高压管理

在工厂工作的大多数通用汽车工人都知道企业全面质量管

第二部分
文化中的四股力量

理程序倡议。他们都需要完成的工作，想尽自己所能做好本职工作。因此，他们试着适应，利用一切可寻的部分，遵循自己所面临的情况下能够达成目的的非正统流程。诚然，质量固然重要，但使汽车和卡车从生产线上来到线下销售也极为重要。这是一种平衡。管理这整个过程的是工人，而不是顶层的管理人员。如果管理人员试图平息他们的抵制，通常会打压这种修补完善性的工作，但这只会使其膨胀成更具颠覆性的活动。

3. 它不遵循线性路径

比尔和史蒂夫参与了一种复杂的"地下经济"——在通用汽车的生产线上分配资源。在美国国家航空航天局的会议室里，工程师们翻找着一堆乱七八糟的杂物，他们在寻找一种新型的二氧化碳过滤器。皮克斯智囊团的成员们狼吞虎咽地吃着比萨饼，发散思维，他们神游天外，正努力开发着皮克斯的下一部票房大片。创造力的闪现，一个令人侧目的看待问题的新方式，这些随时都能点燃对话。但不要指望你刚按下开关，五花八门的见解就会涌现。

一个聪明的园丁如何培养创新？首先，你需要划定范围，然后再让你的员工在其中自由地开发他们自行解决问题的文化并建立团队。其次，你需要给足创造力蓬勃发展的空间和时间。最后，你需要避免对一个自然、有机的过程强加严格干涉的线性方法。

避免情景自大

如果你曾经玩过一套老式的修补玩具，你就会知道，组装一个蒸汽铲模型需要一些创造性的尝试和错误。但有时，即使是天才也会感到不耐烦，然后试图把所有的东西都塞到合适的位置。但这几乎是不奏效的。

以罗恩·约翰逊（Ron Johnson）为例。他有着非常出色的简历。在哈佛大学和斯坦福大学接受过教育，在苹果公司工作了12年，曾设计零售战略，创造出了取得惊人成功的苹果商店（App Store）。后来，他在塔吉特公司（Target）工作了一段时间，担任销售副总裁，接着推出了引人注目的迈克尔·格雷夫斯（Michael Graves）产品系列。据零售专家称，他让这家古板的公司变得时髦起来。随后，他跳槽到境况不佳的低成本连锁百货公司彭尼（J. C. Penney），并于2011年年底担任该公司的首席执行官。当时，在回想自己接受这份工作的原因时，他说："我不只是想经营一家企业，我想做我在苹果做过的事情。我希望有机会改变一些东西……我不是来改善彭尼的，我是来改造彭尼的。我认为这个行业已经有了万全的准备，并且客户也准备好了，我们将会实施改造。"但不到一年半的时间，公司营收损失却高达40亿美元，股价暴跌，约翰逊只好从舞台匆匆退场。一年后，在斯坦福大学演讲时，他承认道："事实是，你知道的，我们进展得太快了。这对董事会、客户、员工和股东来说都太过匆忙了。"在哈佛商学院的一堂课上，他创造了一个短语来表达自己试图改造彭尼的努力：

第二部分
文化中的四股力量

"你可能也存在我所说的'情境自大'。这是指当你以自己的经验和人脉判断正误的时候……谦逊十分难得，傲慢糟糕透顶。你必须认真自省，才能明白问题所在。"

这些仅仅是人类的力量。你成功地组装了一辆小型万能工匠（Tinkertoy）跑车，然后转向乐高玩具，建造了一艘航空母舰，然后又将一个魔方恢复了原样。但你失去了耐心去解开这个谜题，结果撕碎了它。你逐渐变得自大，慢慢远离了谦逊；逐渐变得像太阳神，慢慢不再是园丁。我们知道太阳神阿肯那顿的下场：他改造埃及文化的所有努力都付诸东流。起初，太阳神似乎统治着他的王国，但将目光拉长，过于自信反而会削弱他的力量，尤其是在必须应对意想不到的挑战的时候。组织心理学家克里斯·阿吉里斯（Chris Argyris）发现，顶级商学院的精英顾问擅长用已知的答案处理熟悉的问题。然而，当原本可靠的解决方案失败时，顾问们就会不再理性，而是变得防备并且控制欲极强。阿吉里斯说："许多专业人士的性格极其脆弱，这种特质最终将扼杀创新。"

无论你是登上《财富》杂志封面、走遍全球的首席执行官，还是美国中西部一家小型玩具制造商领导三人信息技术团队的经理，你都需要具备这样一个理念：面对任何需要解决的问题，我们自认为知道的一切都有可能是错误的。埃米特·墨菲（Emmett Murphy）在他的《领导力智商》[①]（*Leadership IQ*）

---

① 书籍名自译。——译者注

一书中创造了"战略谦逊"（strategic humility）一词，用来描述任何领导者在工作中都必须具备的最重要的技能。成功可以使人忘记谦逊，它需要有意识且持续地努力来维持。如果忘记了谦逊，你的领导故事可能就会有一个悲哀且平平无奇的结局。

聆听与工作相关的创新故事

调查记者大卫·爱泼斯坦（David Epstein）在他的《成长的边界》（Range）一书中得出了精彩绝伦的结论：全才往往比单一的专家更善于解决问题。他描述了那些灵活、适应能力强、解决问题时具有多项技能和兴趣的人，如何利用"熔断机制"（Circuit Breakers）找到创造性的解决方案，即使是面对最复杂的挑战。熔断机制是指帮助一个人发现完成事情的新方法的外部经验和类比。不出所料，有知识广度的人喜欢从意想不到的来源收集新故事，这些故事将改变他们对世界及其问题的看法。

在通用汽车工厂的车间里，布莱迪花了很多时间寻找"熔断器"。许多管理顾问大部分时间都在与高层领导打交道，与他们不同的是，她是从较低级别的员工那里寻找故事，这些员工的工作往往不受雄心勃勃的顾问和高管的关注。在仔细了解了这些故事后，她总结道："20世纪80年代中期看似怪异的行为，让工厂员工得以应对感知到的、预期的和实际的物资短缺。"是什么刺激了工人的行为？是他们想要把"工作做好"。

第二部分
文化中的四股力量

在她对研究项目的总结中,布莱迪描绘了一个小插图,这个插图是有关一位名叫琳达(Linda)的主管和一位名为杰米(Jimmy)的流水线工人。"杰米在工作中学习",她在犯错前一直做得很好。就如我们所有人一样,无论我们多么认真地完成工作,都不可避免地会犯错。警报响起,琳达立即冲进车间,帮助杰米了解她做错了什么,然后杰米就回去工作了。过了几个小时,警报再次响起。

听到第二次警报,几名高管赶到了现场。琳达试图为杰米辩护,解释说她是在工作中学习,正如她观察到的那样,"没有人培训她,我们只有二十分钟的时间来培养她。"

这个故事为何如此重要?它组成了布莱迪文化工具的"故事片段"。这本故事选集在通用汽车公司得到了广泛使用,帮助以数量为主的企业文化转变为以质量为主的企业文化。琳达和杰米的故事片段充分说明了培训在改变公司文化方面有多么重要。如果没有培训,人们将遵循着自己长久以来的方式继续工作。

随着布莱迪不断地收集故事,她开始看到阻碍文化转型的模式:

- **微观管理**:就像盘旋的秃鹫一样,高层只会给本已困难的情况增加压力,对解决根本问题几乎毫无帮助。
- **无效的程序**:警报响起,工作可能会暂停。但这对保持生产线继续运作可能会造成损害，所以，完全停止工作不合理。有时坚持程序弊大于利。
- **组织关系紧张**：当一名中层经理向上级为自己的下属辩护时，她会把下属护在身后，使团队内部关系紧张，员工与领导渐行渐远。这种团队间的紧张关系破坏了打破壁垒、讨论如何取得更好结果的机会。

故事提供了星星之火，这是可以点燃改变的野火，它们能够照亮整个组织。与文化变革相关的问题也接踵而至。它们抓住了想象力，他们帮助人们牢记为什么要试图改变"我们在这里的工作方式"。

如果你努力在你自己的组织中找寻"熔断器"，你就可以挖掘无尽的创造力和新的源泉。例如，贝宝（PayPal）建立了一个"文化记者"网站，负责追踪和捕捉关于新想法的新故事。网站上的故事被广泛传播，这提供了早期预警信号，表明该公司的文化需要微调或需要全面改革。"文化记者"来自组织的各个角落和各个层级。正如优秀的人类学家一样，他们在观察和倾听贝宝各个组织的时候，眼观六路，耳听八方。当他们听到一个值得分享的故事时，例如当团队通过组建音乐小组或一个部门来聚集成员时，便会以文摘、照片、视频和引用的形式（如果是高度敏感的问题，还会采用匿名的方式）来记录它。

在每年的贝宝领导层会议上，"文化记者"会带着高管们

"巡演",分享他们丰富的组织研究成果。不要对"我们真棒"这种铿锵有力的话感觉良好。一位高管称,这些演讲有时是一个"清醒的时刻",领导者从中看到了他们无法看到的贝宝文化中"好坏及丑陋"部分的"未加修饰"的观点。记者们不是啦啦队员。他们是熔断故事的收藏家,是新思维的代理人,他们可以打破古板的、旧的做事方式。

自主创新

在 2017 年《快公司》(*Fast Company*)的一篇文章中,诺亚·罗宾逊(Noah Robinson)将亚马逊评为"世界上最具创新力的公司"。罗宾逊想象了一个无情的超级资本主义、破坏社区的房地产开发商的形象:"在过去 22 年的时间里,亚马逊进入了一个又一个行业,并不断优化,即使这意味着拆除自己现有的体制。"你可以在《福布斯》《财富》《企业家》和《哈佛商业评论》中找到对亚马逊同样令人敬畏的描述和赞扬。

虽然亚马逊可能值得被描述为创新的典范,但其业务方法可能会给员工带来极端的压力。因为该公司将同样的理念强加给员工,以此驱逐所有未能达到其严格(如非特殊情况)绩效标准的员工。《纽约时报》2015 年的一篇简介将该公司的文化描述为"瘀伤"。据报道,首席执行官杰夫·贝佐斯(Bezos)曾在公开场合抨击表现不佳的同事,他问:"你是懒惰还是无能?"当你决定在你的组织中发展一种更具创新性的文化时,你应该效仿亚马逊吗？言简意赅地回答：不。正如我们在这本书中多次指出的那样："一种方法并不适用所有人。"

亚马逊的风格适合你吗？加里·皮萨诺（Gary P. Pisano）在2019年《哈佛商业评论》上发表了一篇题为《创新文化的硬道理》(The Hard Truth about Innovative Cultures)的文章，作者生动地描述了亚马逊将文化视为一场生死斗争的概念。以下是一部分内容，内含我们自己需要强调的单词和短语：

> 在亚马逊，员工的排名是根据强制曲线进行的，曲线底部的人员将被开除。
>
> 留下已经被淘汰的人可能是人性化的，但这对组织来说是危险的。
>
> 更严格地对待失败的项目，可以降低尝试新事物的风险。
>
> 高级领导人需要以……作为纪律的榜样，终止他们个人支持的项目。
>
> "极度坦诚"的组织不一定带来最舒适的工作环境。
>
> 当领导者开始改变一个组织的文化时，在某种意义上讲，是打破了与社会的契约。
>
> 这些文化并不都是娱乐和游戏。

扼杀、威胁、消除、终止、绝对的坦诚、违反社会契约、

第二部分
文化中的四股力量

拒绝娱乐和游戏。这是否会激励你向亚马逊提交求职申请？或者你会向《哈佛商业评论》文章中提到的其他公司，比如苹果或谷歌投递简历吗？如果你有意愿，我们祝你一切顺利，并真诚地希望你取得成功。

不过你可能会考虑一个不那么残酷的方法。对成功创新文化的分析表明，你不需要建造一个血腥的角斗场。相反，你可以种植并培育一个花园。成功的案例很多，像是服装公司川久保玲（Rei Kawabuko）设计师品牌人气潮牌（Comme des Garcons），该公司的设计彻底改变了时尚界；或者是被《华尔街日报》称为"行业标杆"的室内设计公司Studioilse；又或者是美国国防高级研究计划局，它的早期举措帮助创建了万维网（World Wide Web），如今还支持无人驾驶汽车和治疗精神疾病的大脑植入物的研究。在对这些公司和其他极具创造力的组织的描述中，并没有伴随大量关于硅谷创意巨头的文章的冷血甚至暴力形象。当你看到他们的工作方式时，便会联想到另一类词语：人道、培养、合作和尊重。

20世纪70年代，时装设计师川久保玲创立了川久保玲设计师品牌，这家公司更像一个花园，而非战场。川久保玲先是在她的祖国日本成名，在1981年的巴黎时装秀的舞台上轰动了国际。她的模特们穿着令人震惊的褴褛设计，在鼓声（背景乐）中走下了T台。据《纽约客》（New Yorker）的朱迪思·瑟曼（Judith Thurman）所言，评论家们在观看这部"震撼戏剧"时，"被狂喜惊呆了"。瑟曼说，川久保玲在2000年被授予哈佛大学杰出设计奖,之后在每一季都试图"重新引领潮流"。她的工作为她带来了许多享有盛誉的奖项,其净资产超过1.5亿美元。

如果你参观川久保玲设计师品牌的工作室,你会看到刀子架在人们的脖子上的场景吗?不会。反之,你会听到舒缓的咏叹调或旋律优美的诗歌。这里禁止恐惧。田中通美(Tsubomi Tanaka)是该公司的生产负责人,她几乎是从公司成立以来就一直在这里工作。在描述早年在那里的生活时,田中说:"即使在那些日子里,她也有一种光环……因为她的话很少,我不得不深入挖掘她的想法。但总有绷紧的地方。"川久保玲经常用一个令人想起来就头疼的设计开始制作过程,比如"从里到外的枕套",这让她的团队打破了他们正常的创造性思维模式。然后工作人员开始把它涂在织物上。他们很少第一次就能准确地明白她的想法。首席策划人菊池英子(Yoneko Kikuchi)总结了这一点。"她总是要求我们打破字面意思,"菊池补充道,"这对来自其他公司的制版师来说有时很困难,因为他们只是想让你告诉他们领子应该有多宽。"川久保玲要求很高,能够表现出"痛苦和愤怒",她的所有作品"每次都从零开始"。但同时,其作品也展示了一种令人满意的、深刻的情感特质。田中总结道:"我常常被这些展品所感动。"

和川久保玲一样,伊尔丝·克劳福德(Ilse Crawford)对她在设计界的定位产生了强烈的影响。从《纽约时报》到《时尚杂志》(*Vogue*),以及奈飞的电视剧《抽象:设计的艺术》(*Abstract*),这位创意天才的简介出现在各大杂志上。1989年,

第二部分
文化中的四股力量

克劳福德创办了英国室内设计杂志《家居廊》(*Elle Decoration*),10年后,她离开伦敦前往纽约创办了唐娜·卡伦家居(Donna Karan Home)。2001年,她的公司Studioilse在伦敦开业。到2020年,该公司有25名员工。伊尔丝的主要客户之一国泰航空(Cathay Pacific Airways)在全球16个航班休息室采用了她的设计。航空公司的一名高管飞到她的工作室所在地,花了两天时间尝试不同的椅子。克劳福德解释了这个决策过程背后的想法。"效果图看起来总是冷冰冰。他们解释了空间,但没办法描述感受。我的策略是先让人们感受,因为我们触摸的是真实的。"对她来说,这一切都与人类的情感、合作和尊重有关。

克劳福德可能会反驳亚马逊文化的经典表述:"撞墙,爬墙。"她更喜欢强调同理心、理解和支持的东西。"没有同理心就没有设计。"她说。在谈到她的公司有越来越多的亚洲项目时,她说:"这听起来好像是有计划的,但并没有。让我无比沉沦的是,什么让我们在这个世界上感到自在,以及设计如何在其中发挥有意义的作用。"

该公司总部的一切都表明了对创造人际关系的关注。克劳福德在一张她称为"社交椭圆形"的桌子上开会。Studioilse的设计总监菲利普·约瑟夫(Philip Joseph)说:"我们就像一个家庭。"克劳福德每个月有好几次会在工作室的烹饪区为全体员工准备午餐。"我们工作室里非常注重身体接触。"克劳福德说,"这就是我们评判的标准:人们在一个空间中的感受。我们试图创造条件,然后在这里开始讨论。"

离开温暖而又模糊的时尚设计世界，让我们参观一下美国国防部高级研究计划局。你可能希望在那里找到一种军事化、务实的、角斗士文化，但事实并非如此。该政府机构成立于1958年，虽然部分原因是为了回应苏联发射斯普特尼克卫星，政府机构还是支持了各种各样的项目：从在越南丛林中进行的一些心理战，一个由受控的核爆炸产生的高能电子组成的天文圆顶式导弹防御盾。该小组甚至探索了开发星系间计算机网络的可能性。美国国防部高级研究计划局资助了一些普通人会觉得非常疯狂的想法，这些想法通常是疯狂的科学家的胡言乱语。但如果走进已故的尼古拉斯·克里斯托菲洛斯（Nicholas Christofilos）的办公室，便会遇见一个非常普通的科学家。克里斯托菲洛斯是一位杰出的物理学家，仰慕他的同事称他为"疯狂的希腊人"。克里斯托菲洛斯可以不睡觉，连续工作好几天，他狂热地书写方程式，落笔的速度比思考的速度还快。他留下了一份璀璨的遗产，其中包括建立导弹防御系统以保护美国免受核攻击的想法。虽然这个概念从未实现，但一名高级行政人员评论说，可能存在"另一个星球，有着相反的超级大国，这样的盾牌实际上是有可能行得通的。"正如记者莎伦·温伯格（Sharon Weinberger）所说，这个有着丰富的超越世界思维和开创性工作历史的组织，不能被简化为"匣子里的创新"。

是什么让美国国防部高级研究计划局的创新文化不受限制？独树一帜，美国国防部高级研究计划局的科学家们将目光转向了1975年至1977年曾领导该机构乔治·H.海特梅尔

(George H. Heitmeier),就他所提出的一系列问题开始进行思考:

- 你想做什么?描述目标,杜绝使用行话。
- 现在是如何做到的,当前实践的局限性是什么?
- 你的方法有什么创新的地方,为什么你认为它会成功?
- 有谁在乎呢?如果你成功了,会有什么不同呢?
- 风险是什么?
- 成本是多少?
- 需要多长时间?
- 如何检验?期中和期末"考试"考什么?

这个过程听起来没那么复杂,似乎很简单,但其实不然。它直击问题要点,并将研究人员的创造力集中在提出最佳解决方案上;它能够刺激人们的好奇心,敦促不断修复完善,引发"熔断"。你能想象这个过程在亚马逊这样的"瘀伤"文化中进行吗?

让我们将目光转向一个筋疲力尽的商业部门,谈谈丹尼·梅耶(Danny Meyer)的运营。梅耶是美国最富有的企业家之一,他建立了一个世界级餐厅帝国,包括纽约的联合广场咖啡厅(Union Square Café),格拉梅西酒馆(Gramercy Tavern),以及面向大众市场的连锁餐厅奶昔小站(Shake Shack)。他以一种明显非亚马逊式的方式组织解决问题的会议。有一次,他在早上的员工会议上分享了他第一次做 TED 演讲的经历。"我很紧张，"他说，"这场表演几乎可以评价为'糟糕透顶'。"梅耶并没有像太阳神一样在他的战车上挥舞鞭子，而是谦虚地承认了自己的局限性，从而收获了观众。

我们绝不能诋毁亚马逊的文化，但也不会把"大文化奖"颁给本章介绍的其他公司。你需要遵循最适合你和你的组织的独特路径。

一所舒适的室内设计工作室，一个特殊的高科技政府智囊团和一家残酷的颠覆行业的在线零售商。问问自己，"我更喜欢哪种创新方式？""哪种文化最适合我和我的员工？"然后再问自己另一个问题："我的公司和其他公司有什么不同？"无论你的答案是什么，它都应该适应你的创新方法，从而适应你的组织独特的氛围。

从本章讨论的组织中得出以下一些结论，我们建议你在开始设计自己的创新过程时记住这些要点：

始于故事。注意顾问和作者"匣子里的创新"的建议。倾听你所在组织的故事。想办法联系尽可能多的人。在前进的过程中考虑你听到的内容。你可能会遇到一些古怪的想法，但要提醒自己，它们的出现一定是有原因的。

进行实验。支持修补和"熔断"。在会议桌上抛出一堆隐喻性的部件，并敦促人们以意想不到的方式将它们组合在一起。将它设计成为一款游戏，让它变得有趣，展现创造力，让它成为人们在回去工作后会记住并练习的东西。

预测错误并逆转局面。不要忘记"试错"中的"错误"。开箱即用的实验很少会在第一次尝试中开花结果。将每一个错误都当作教训。继续下去，直到你听到有人喊："哇！太酷了！"

将寻找意外之喜纳入计划。许多伟大的发现都是在你寻找别的东西的时候发生的。无处不在的便利贴源于人们对一种新型黏合剂的搜索，而不是刻意寻找一种可粘贴的便签。在你的员工提出的所有想法中寻找隐藏的价值。

近距离接触。请记住，最好的想法几乎总是来自与工作关系最密切的人。他们认为自己参与到了寻找正确解决方案的过程中。撸起袖子，与你最大的创新资源并肩投入工作。你自己也可能会获得一些可以称作"意外之喜"的主意。

在任何情况下，你都不能忘记：创新已在各个团队中发挥作用，是一个社会和文化过程。创建一种创新文化，这一目标已经成为所有组织的圣杯，它始于家庭，而非源于苹果、亚马逊或者谷歌的大厅府邸。

在结束本章之前，让我们快速地前往一次印度，感受一下塔塔集团（Tata Group）前董事长拉丹·塔塔（Ratan Tata）是如何为这个生产和销售从汽车、飞机到茶叶和旅游服务等各种产品的跨国企业集团注入创新力量的。几年前，为了更新这个庞大而传奇的组织的文化，塔塔集团花了很长时间仔细研究当前的状态。他发现很多人忠于公司，愿意不惜一切代价让公司保持活力。考虑到这一点，塔塔集团推出了一系列举措，以重振员工的创造力，其中包括一年一度的最佳失败创意竞赛。庆祝一次失败的尝试让人明白，每一次失败都提供了一个重要的学习时刻。例如，一项开发远程学习软件的计划虽然后来变成了不切实际的徒劳，但这让公司领导人认识到，他们的员工重视开发更多灵活学习方式的想法。

通过强调失败，塔塔集团采取了一种已经存在的且运用广泛的修补过程，并将其培养为得到认可的做事方式。正如这位前董事长自己宣称的那样："失败是一座金矿。"找到你的金矿，提取创造力宝藏，将使你的组织在这个越来越具有挑战性的世界中保持新鲜和活力。

关键要点

- 适应传统规则，赢得创新游戏。
- 避免自大。
- 聆听与工作相关的创新故事。
- 自主创新。

第三部分

可持续发展之梦想

第八章 谨慎的园丁：拔除杂草，培育野花

设想一下，你在硅谷经营一家生物技术公司。你会雇佣凯利·穆里斯（Kary Mullis）吗？2019 年 8 月，穆里斯与世长辞，享年 74 岁，生前获得加州大学伯克利分校生物化学博士学位，并获得了以下评价：

- 难以相处、咄咄逼人、爱搞破坏、时常"爆粗口"
- 酗酒成瘾、依赖迷幻药
- 疑似患有艾滋病
- 研究时光旅行
- 否认气候变化，笃信占星术
- 花花公子，到处拈花惹草
- 懒惰且偏执
- 不可靠

你会觉得他是一个十足没脑子的人，对吧？你会说，再见了，凯利·穆里斯！但是等一下，当穆里斯离开你的办公室，

关上门之前，再看一下这个看起来精神失常的人所做的一些事情吧：

- 1993 年，穆里斯因发现聚合酶链反应（PCR）技术获得了诺贝尔化学奖。通过聚合酶链反应，研究人员可以无限复制单个 DNA 分子，从猛犸象的自然史到癌症的成因，这为科学发现开辟了一条全新的途径。这项专利技术最终在 20 世纪 90 年代中期以超过 3 亿美元的价格出售。
- 穆里斯接到诺贝尔奖委员会电话的那天早上，他是醉酒状态。挂断电话后，他冲出家门，到位于加利福尼亚州拉霍亚的公寓附近的海滩上冲浪去了。
- 除了把诺贝尔奖带回家，穆里斯还获得了由科学技术基金会（Science and Technology Foundation）颁发的著名的日本奖。这一荣誉带来的回报使他在经济上独立。1995 年，在与《旋转》（*Spin*）杂志的一位作家交谈时，他评论道："我已经很成功了，并在社会上站稳脚跟。可以说我是一名自由球员，这是最美妙的事情。对于任何问题，我都能发表意见，而且绝对直言不讳。"

好了，现在你会把穆里斯纳入麾下吗？若是在还没有了解他的缺点前就雇佣了他，一旦发现他行为不端，你会解雇他吗？请你先保留意见，思考清楚再回答，我们稍后会在本章提出观点。

暂停一下，先来说一下足球。布兰迪·查斯坦（Brandi Chastain），许多球迷都认为她曾踢出了这项运动历史上最令人难忘的进球之一。查斯坦在1999年女足世界杯决赛中带领美国队打进了决定比赛胜负的加时赛。在玫瑰碗球场的比赛中，当查斯坦脱掉球衣，双膝跪地，呐喊庆祝胜利时，超过9万名球迷同她一起欢呼雀跃。几秒之内，全球转播，世界瞩目。那么，有人愿意邀请她加入自己的团队吗？同样，先不要回答这个问题。

所有的一切都指引我们来到了文化谜题中最具挑战性的一个方面：如何对待"泡沫上的人才"——那些拥有所有高超的技能并且足以完成一项伟大的工作，却没有达到预期的人。试想一下，那个人就站在泡沫之上。一面是业绩持续下降，另一面是迸发的创造力及出色的工作能力。你能培养这种人才吗？或者就让业绩继续下降好了？这些问题又将我们带回了文化花园。

你想要解决"泡沫上的人才"难题，就必须对那些既能毒害花园，却又能给花园增添新的活力和生命的植物有着深刻了解。解决这个难题的诀窍就在于知道什么是该舍弃的，什么又是该培育的。一种文化随着时间的推移而生存、发展和变化，时好时坏。无论文化多么强大，它的成员，或者那些至关重要但不可预测的生物，可以并且也会选择自己的道路。组织规模越大,越多的不适者、反叛者和自由思想者就会涌现。如果培养得当,有些人就会成为优秀的执行者,他们的成果足以滋养整个组织;然而,如果放任自流,这些人就可能会污染周围的土壤,消耗队友的活力。

确保野花不会变成野草

2006年3月12日,这个日子将作为美国在伊拉克军事任务中最黑暗的日子之一载入史册。在优素费亚赫(Yusufiyah)镇的一个小村庄,美军士兵响应当地警察的求助,搜寻到了一个被残忍屠杀的家庭的遗骸。随后的调查使陆军著名的101空降师一个排的5名成员被起诉。一开始,这似乎是几个坏蛋演员的可怕行为,但后来却演变成了一个关于布拉沃连(Bravo)一排的集体流氓事件。人们称为"黑心"(Black Hearts),"黑心"如同野草一般扎根在冲突中最危险的地区之一的农村前哨,一直到他们犯下了令人发指的罪行。这种异类的"毒"文化是如何在一个以严格遵守行为标准而闻名的组织中潜滋暗长的呢?

吉姆·弗雷德里克(Jim Frederick)在他的《黑心》[①](*Black Hearts*)一书中描述了布拉沃连一排几个月来所处的恶劣环境,每天都有叛军的密集炮火和临时炸弹的随机爆炸,这让整个连

---

① 书籍名自译。——译者注

第三部分
可持续发展之梦想

都处于紧张不安的状态。正如一名士兵解释的那样："这么跟你讲吧……拿一件你每天都要做的事，比如去查看邮箱为例。每天，你都会去查看邮箱。现在假设你每次去，嗯，比如说，邮箱在你面前爆炸有 25% 的概率……但你必须要去。你不可能不去查看邮箱。所以，我问你：在你承受不住压力之前，你觉得你能去几次？"

这种解释有一定的道理。但是，为什么伊拉克的其他部队在面对同样的极端压力，甚至惨遭死亡，都没有犯下暴行，只是做自己应该做的事情呢？是什么让一排如此惨无人道呢？如同弗雷德里克所说，高级指挥官在执行危险的巡逻任务时，士兵们人手不足，资源也跟不上。与此同时，领导们却在基地泥泞的地面上执行一些像撒碎石等毫无意义的任务。

有一名指挥官似乎对一排的工作条件特别不在意，他要求士兵们在约为 49 摄氏度的高温下，在危险区域卷起袖子铺设防线。当士兵们试图因他们所面临的困境而发出求助信号时，这名军官就会呵斥他们，像太阳神斥责仆从一般大吼。久而久之，一排士兵逐渐成了能力不行的边缘人，自然会将自己同"弃子"的身份联系在一起。于是连长开始把自己的上级当成敌人。"我有基地组织……我也有兵。他就是我的敌人。"

一支本应在战场上大放异彩的队伍，在感到被忽视和不被认可后，成了军营文化中的野草。上级下达的命令以"我们这里不这样做"为由被驳回。总之，2006 年 3 月 12 日发生的事件，并不是一朝一夕造成的。由于园丁没有正确识别并照料自己的植物，使可塑造的根长成了有毒的杂草。让我们来假设一个非常具有挑战性的情景，然后在其中加上一个训练有素的团队和一批互不相干的领导者，结果如何，想必你已经预料到了。

不说优素费亚赫这个遥远的小村庄了，最近的企业丑闻已经揭示了杂草甚至可以最平淡的方式玷污郁郁葱葱的花园。回到穆里斯和查斯坦的故事中，我们将看到，管理不当也可以引发一种文化。这就是为何发现和处理任何野花都同等重要。如果不加以照料，它们就可能会长成侵蚀花园的杂草。

培育野花，拔除杂草

据《体育画报》(*Sports Illustrated*)报道，布兰迪·查斯坦的"救赎之球"被评为"美国足球史上最重要的10个进球"之一。在1999年世界杯1/4决赛美国对阵德国队的比赛中，先是美国门将布里安娜·斯库里失误，而后查斯坦又踢了一个"乌龙球"，不小心为对手取得一分。查斯坦给了斯库里一个回传，这是常规动作，但斯库里在那一秒冲出了球门，两名球员瞪大了双眼，惊恐地看着球滚进了自己的球门。得分了！但是分数是对面的。比赛开始5分钟，德国队以1∶0领先美国队。查斯坦感觉自己是个彻头彻尾的失败者，这是她参加比赛时最后的意识。

"转机"出现在下半场。此时德国队以2∶1领先。就像查斯坦描述的那样,"回过头来看这个球的时候,尤其是看慢镜头回播的时候,这个进球确实很棒。要想在凌空抽射时击中它,你必须位于球的上方,还必须保持这个姿势。所以,这么一想,除去当时情况的影响,我真为这个进球感到骄傲。"随后,她拓展了话题,补充道:"很多教练都教导我即使在压力下也要做正确的事。"

换句话说,这种个人成就的高光时刻,体育历史上最伟大的表现之一,取决于良好的教练、领导和团队合作。它是运动员年复一年、日复一日的训练和协作的结果。毫无疑问,查斯坦的这一高光时刻,她在压力下的表现配得上每一个给予她的赞扬。与此同时,她的成就也取决于一系列长期的、相互影响的社会活动:青少年足球联赛的比赛和练习、教练建议,以及与其他足球运动员和球迷的让人振奋对话。这是一种文化现象。

如果把查斯坦在 1/4 决赛中令人震惊的"乌龙球"想象成一朵野花,一个顶级球员出人意料的失误成了球队比赛中的转折点。设想一下,如果这样的野花突然出现在你的花园里,如果遇到了意外挫折,你将怎么处理?关于此事,你可能会从美国女足队长卡拉·奥弗贝克(Carla Overbeck)那里得到启示,她对沮丧的查斯坦说:"我们需要你继续踢球。我们能拿下比赛。"正如球队教练托尼·迪奇科(Tony DiCicco)回忆时说的那样:"中场休息时,更衣室里充满了静默的自信,没有任何恐慌弥漫。我们谈论了球队一直在讨论的事情。他们为重大时刻而生，而现在，就是那个重大的时刻。"他对自己的团队能够从逆境中恢复过来的能力非常有信心。他知道这些女队员们有这个能力。这是他母亲教他的。"她以前经常和我一起在车道上投篮，"他说。"她是一名出色的游泳运动员。我一直都知道女孩有水平去参加运动类比赛，因为她会和我一起运动。"

种下野花，细心呵护。对任何开始像野草一样生长的野花多加注意。尽早发现这种情况，扭转态势。如果做不到，就鼓励一下。迪奇科是一个警惕的园丁，他轻而易举地做到了。正如查斯坦所说："托尼·迪奇科在简单的方式中有一种优雅。他没有把事情弄得过于复杂。他会进来说'你能做到，你有这个本领，去实现它。'这句话足以让我们有信心回答，'是的，我们能做到。'"

现在让我们回顾一下凯利·穆里斯的案例。和查斯坦的目标一样，他的工作促成了聚合酶链反应的发展。但与其不同的是，他不善于团队合作。事实上，你可以把他想象成一个抗拒团队的成员。然而，他获得了诺贝尔奖，的确为其效力的组织作出了巨大贡献。

1989年，编辑小丹尼尔·科什兰（Daniel Koshland Jr.）和另一位研究人员露丝·列维·盖耶（Ruth Levy Guyer）在著名杂志《科学》（Science）上发表了一篇文章，简述了这项技术的历史：

第一批关于聚合酶链反应的论文发表于1985年。

第三部分
可持续发展之梦想

从那时起，聚合酶链反应已经发展成为一种越来越强大、通用且有用的技术。1989年的聚合酶链反应"爆发"可以被视为方法改进和优化、基本聚合酶链反应主题的新变体的引入，以及科学家对聚合酶链反应所能提供的越来越多的认识的综合结果。通过聚合酶链反应，嵌入的、通常是隐藏的基因信息的微小片段可以被放大成大量可获取、可识别并且可分析的材料。

文中有没有提到穆里斯？只字未提。在其他研究人员撰写的关于聚合酶链反应的许多最早的出版物中，也找不到他的名字。1986年，在受雇于生物技术初创公司赛特斯（Cetus）时，穆里斯向《科学》杂志提交了他的第一篇关于这项技术的论文。编辑们用干巴巴、极其官方的语言毫不客气地退回了它："详细地审稿之后，我们认为你的稿件不像同期的其他人那样有潜力。"

但穆里斯讲述了一个更丰富多彩的聚合酶链反应故事，其中还带有一些好莱坞式的夸耀。在他戏剧性的演绎中，穆里斯饰演了一位天才发明家，他独特的才华带来了震惊四座的突破：

"啊哈！""……就是你从它的背景中抽出一小段DNA，然后你就会得到扩增……这就是我认为简直天才的事情……事实上，我会按照自己的方式去做，我的方式让它成功被发明。"

穆里斯在赛特斯的同事们也认为他是个天才。有人形容他是一个"桀骜不驯"的天才，还有人说他是一个"随心所欲的思想家"。

那"啊哈！"的一刻真的像穆里斯回忆的那样发生了吗？无人知晓。穆里斯还记得，1983年，在一个周五的晚上，他从旧金山开车到自己的门多西诺小屋。"那时候，蝴蝶正在飞舞"，他在思考与DNA相关的技术。虽然他不能确定这是发生在春天还是秋天，但他确实描绘了一幅他内心的精神图景。"虽然我当时没有意识到……但我就快发现聚合酶链反应了。"他开着车沿着蜿蜒的山路行驶，接近他在山区的住所时，他在"烦人的问题"中苦苦挣扎。然后，他说："我突然意识到一个问题。"回头一看，他惊呼："我找到了！"

那个周末，穆里斯用他在小屋里能找到的每一张纸潦草地写下了他那具有惊人的洞察力的方程式。回到工作中，他不停地谈论着这件事，但他的话却无人理睬。几个月来，他也没有做任何实验来检验他的想法是否可靠。他在实验室里忙着监督其他项目，并在工作之外处理着相当混乱的爱情生活。当他终于寻找一些实验证据来支持他的理论时，他进展得如此之快，以至于拿不准最后得到的结果。后来，他说："在我职业生涯的这段时间里，我一直在做实验，非常冲动，也非常迅速。"

1984年6月，塞特斯年度科学会议在加利福尼亚州蒙特雷海滩附近的一个豪华度假胜地举行。这次会议给了穆里斯一个绝佳的机会来分享他对聚合酶链反应的想法。按照研究人员在这类会议上通常的方式,他在海报上展示了自己的工作成果。观众还是哈欠连连,兴致不浓。后来,在一次"蓝色玛格丽塔"派对上,穆里斯与另一名科学家发生推搡,直到旁观者用身体压制住了他,并将他拖回房间。在那里,仍然情绪激动的穆里斯在凌晨3点给他的老板汤姆·怀特(Tom White)打电话,斥责他是一个混蛋,因为他要求穆里斯做实验来证明聚合酶链反应是有效的。

会议结束后,负责塞特斯研究的怀特考虑解雇穆里斯。正如怀特回忆的那样,"这就是穆里斯,他确实很有创造力,但并不是他所有的想法都超越其他人。"怀特继续说:"而穆里斯正在制造混乱,和他实验室里的人发生冲突,威胁要和朋友一起出去的人,还扬言要杀了他们……除了那些超出他的研究领域、人们觉得行不通的疯狂想法,还有什么拿得出手的呢?"然而,最后怀特却并没有解雇这个"野蛮人"。

六个月后,一位名叫斯蒂芬·沙夫(Stephen Sharf)的塞特斯研究人员,用聚合酶链反应技术进行了自己的实验,并在笔记本上写道:"它确实是有效的。"当穆里斯得知沙夫的结果后,他却拒绝发表,因为他想让这个过程保持"商业秘密"。怀特无法理解这种故意拖延。与此同时,穆里斯在晚宴上与朋友、艺术家、英语教授、冲浪爱好者、其他研究人员,以及基本上所有愿意听的人没完没了地谈论这个想法。结果,关于这一发现的消息无论是在非技术领域还是科学领域，都像野火一样迅速蔓延。最后，塞特斯的高管们觉得有必要公开，以证实其对这一过程的所有权。1985年12月，《科学》杂志就这一课题发表了一篇文章，在塞特斯的其他七名研究人员中，穆里斯的名字排在第四位。

在沙夫在实验室取得突破大约一年后，穆里斯带着无尽的怨恨离开了塞特斯。"我对汤姆真的很愤怒，"他说，"我在那里受到了无礼的对待。"穆里斯因为在聚合酶链反应上的工作获得了1万美元的奖金，而其他留在该公司的研究人员每人获得了1美元。三年后，塞特斯以3亿美元的价格将这项技术的专利卖给了霍夫曼-拉鲁什公司（Hoffman-La）。按今天的美元计算，这笔钱大约相当于6亿美元。

不出所料，当听到诺贝尔奖的消息时，穆里斯的同事们反应复杂。尽管如此，这些事情得出的结论还是告诉了我们很多创新的真正运作方式：

汤姆·怀特（Tom White）："'科学'不是预言者和先知们传授神圣价值和启示的恩赐，也不是圣人和哲学家对宇宙意义的沉思。"

日裔技术员才木（Randall Saiki）："这是一个寓言；这并不是塞特斯研究科学的方法。这是穆里斯对事情的曲解……把奖颁给穆里斯不对，但是（把奖颁给）穆里斯和其他人也是不对的。我们的工作是有分工的。"

亨利·埃利希（Henry Erlich）："一方面，我很高兴看到聚合酶链反应作为一项技术得到了诺贝尔委员会的认可，但让我感到沮丧的是，把奖授予穆里斯也证明了穆里斯创建的一个不真实的账户。穆里斯有了一个伟大的想法，但他随后进行了多年的虚假陈述和自我推销。改写历史比写论文更有成效。"

埃利希补充了一个启发性的观点："委员会和科学记者喜欢把一个独特的想法与一个独特的人，一个孤独的天才联系起来。事实上，聚合酶链反应是团队合作的经典例子之一。"

经济学家约翰·凯（John Kay）和默文·金（Mervyn King）将集体且基于团队的问题解决定义为"进化理性"（evolutionary rationality）。这是人们一起工作解决问题的方式。从第一个人类成员仰望着繁星点点的非洲天空，思考着这里发生了什么的那一刻起，这便是人类解决问题的方式。在塞特斯，这个问题涉及一个特立独行的人，他把每个人的工作都归功于自己。在1999年的美国女足比赛中，这个问题归结为帮助技术高超的队友在恰当的时机将球踢进对手的球门。

像汤姆·怀特和托尼·迪奇科这样的园丁为个人和团队创造了解决问题的空间。而接下来会发生什么取决于天赋，更多的时候，还需要一点运气。适当地滋养，才能开出野花。如果完全听之任之，天赋会长成有害的杂草。即使是最有才华的人也会犯错，甚至是巨大的错误。了解布兰迪·查斯坦就明白了。当像穆里斯这样有才华的人以危险甚至令人发指的方式行为不端时，你必须采取正确的措施，确保这个失控的人才利大于弊。这是一个复杂的谜题。正确的举措包括避免过度简化情况的诱惑，推卸责任，找替罪羊，以及接受关于"发现"时刻的神话故事。正如我们在上一章所看到的，你需要创新。人才产生创新，但你不能依靠万能的"匣子里的创新"来产生下一个伟大的想法。聪明的管理者会退一步，从大局出发，他们会考虑有才华的个人、团队、组织的整体需求、竞争领域、客户，以及组织运行的整个环境。怎样的故事才能使所有的部分都有意义？只有在这样的背景下，你才能决定培育哪些野花，拔除哪些杂草。

我们该怎样处理布兰迪·查斯坦和卡里·穆里斯？做决定之前，先要吸取这些经验教训：

- **承认最优秀的员工也会犯错**。把错误当成"重要时刻"。错误往往会推动创新的新浪潮。爱迪生的老师认为他"太笨了，什么都学不会"。他前两份工作都因"效率低下"被老板解雇了。最后，这位发明家做了整整1000次不成功的尝试，才发明了灯泡。

- **讲正确的故事**。一些领导力专家建议你"直面残酷的事实"，但事实永远不会自己说话。此外，根据心理学家让·皮亚杰（Jean Piaget）的说法，人类是从故事中学习，而不是背诵事实。正如他所说："教育的目标不是增加知识的数量，而是培养有能力做新事物的人。"这正是优秀的管理者所做的事。

- **鼓励团队合作解决问题**。在一个团队中，人们可以解决一个即使是最伟大的天才也无法解决的问题，而且他们通常也这样做到了。确保你的故事中包含成功的团队合作故事。这些故事会非常奇妙地积极促进团建的持久力。

奖杯只属于弗兰克一个人，只有他有奖杯。

各种形式的创新：不断完善，修修补补、创造性、解决问题，这些为每一个伟大组织的成功提供了动力。你可以做些什么来确保你的公司有足够的动力呢？

用心设想

1993 年，贝丝·科姆斯多克（Beth Comstock）在哥伦比亚广播公司（CBS）工作时，观众收视率飙升，人们称其为"蒂芙尼电视网"（Tiffany Network）。随后，科姆斯多克在美国全球广播公司（NBC）担任宣传专员的职位，这一举动被科姆斯多克的朋友们震惊地称为"职业自杀"，她自己也称这是"国家的耻辱"。《每日新闻》（Dateline）新闻节目爆出的一桩备受瞩目的丑闻（对雪佛兰卡车的调查原来是基于伪造的视频）、大卫·莱特曼（David Letterman）离开哥伦比亚广播公司的《深夜秀》（Late Show），以及其他令人丧气的反转，让一位知名网络制作人告诉《娱乐周刊》（Entertainment Weekly）："士气在厕所里。"但科姆斯多克接下这份工作，是出于她所谓的"精神"和"情感"原因。此时的她野心勃勃又无所畏惧，刚刚离婚，并且还要照顾年幼的女儿，她觉得自己需要换个环境。

开始新工作一个月后，科姆斯多克得知通用电气要收购她的新东家。没过多久，她就知道了首席执行官杰克·韦尔奇（Jack Welch）向 30 万通用电气员工介绍的新信仰：六西格玛（Six Sigma）。它基于一个统计模型，强调效率高于一切。太阳神宣称:"要么做,要么死。"正如科姆斯多克所说,六西格玛的信徒们宣扬的是"可预测性和准确性",这些价值年复一年地带来了可靠的股市回报。但是这种教条将创新排除在外,因为创新风险太大,过于变幻莫测。那些想要领先的人,只是听从了命令,然后不断前进。正如韦尔奇自己的那句名言:"我不可能无处不在,所以我只说他们不要做的事情。"在20世纪90年代的通用电气,六西格玛服务活动是在指挥与控制大教堂举行的。

科姆斯托克直接向韦尔奇汇报工作。虽然她钦佩韦尔奇的直率,但她很快就发现了这种迷恋效率、扼杀创新的文化的严重局限性。在听到一位经理对一项创新建议的回应是"我们就是不能那样做事情"后,她想到了一个促进创造性解决问题的主意:许可通知单。想象一下,你将如何填写:

我,＿＿＿＿＿＿＿＿＿＿＿＿,允许自己使用想象力从不同的角度思考:

＿＿＿＿＿＿＿＿＿＿＿＿＿＿＿＿＿＿＿＿＿＿＿＿＿＿＿
＿＿＿＿＿＿＿＿＿＿＿＿＿＿＿＿＿＿＿＿＿＿＿＿＿＿＿
＿＿＿＿＿＿＿＿＿＿＿＿＿＿＿＿＿＿＿＿＿＿＿＿＿＿＿

以下是我需要从别人那里得到的东西,以此推动我的想法:

＿＿＿＿＿＿＿＿＿＿＿＿＿＿＿＿＿＿＿＿＿＿＿＿＿＿＿
＿＿＿＿＿＿＿＿＿＿＿＿＿＿＿＿＿＿＿＿＿＿＿＿＿＿＿

下一步：

_____

_____

_____

当然，这是一个简单的想法，但它既然对科姆斯多克有效，那么也可能对你有效。下次开会的时候，你可以试着分享一些。或者只是说："想象一下，我们允许自己去想一些疯狂的想法。你会想到什么？"然后利用我们在第七章中介绍的美国国防部高级研究计划局问题，促进关于这些想法的讨论：

- 你想做什么？描述目标，杜绝使用行话。
- 现在是如何做到的，当前实践的局限性是什么？
- 你的方法有什么创新的地方，为什么你认为它会成功？
- 有谁在乎呢？如果你成功了，会有什么不同呢？
- 风险是什么？
- 成本是多少？
- 需要多长时间？
- 如何检验？期中和期末"考试"考什么？

社会学家雷·奥尔登伯格（Ray Oldenburg）将领导者鼓励创造性思维的环境称为"第三场所"（the Third Place）。当然，你可以在办公室里指定第三个地方,但它通常在组织的限制之外发挥最好的作用。静修所、比萨店、咖啡馆、保龄球馆和垒球场就在你的脑海中。这些真实的实体场所可以出现不受限制、随心所欲的对话,从而让人产生突破性的想法。科学方法不是在大学爬满常春藤的大厅举行的正式会议中形成的,而是在早期科学家们聚集在一起讨论各种想法的咖啡馆里形成的。19世纪的维也纳沙龙催生了现代心理学。20世纪70年代初,硅谷自制计算机俱乐部(Homebrew Computer Club)的会议催生了互联网。

无论你选择哪一个第三场所,都要确保它能提供舒适和安全的环境,鼓励人们畅所欲言。对嘲笑和报复的恐惧是最容易扼杀自由自在的讨论的。研究表明,恐惧会扼杀许多好的想法。当你担心自己看起来很傻的时候,你脑海里会有一个小声音说:"我要把嘴闭上,因为如果我这么说,人们会认为我疯了。"

我们在第七章中谈到了很多关于培养个人和团队创新的内容。在这里,我们想强调,创新是一个组织文化的关键组成部分,它已经融入生活方式。它不仅仅是当你需要解决一个特定的问题时才会思考的事情。但如何使其不止发生一次?如何使其可持续发展?福特首席执行官吉姆·哈克特喜欢用"健康"这个词来描述有朝气、创新的文化。就像训练有素的运动员一样,健康的组织是灵活适应性强,随时准备大展身手与他人竞争。他在管理世楷时学会了欣赏组织的健康:"我看到了公司随着时间的推移而不停地发展。我发现自己处于一个波动模式中，经济衰退期间，缩小公司规模，再增大，然后缩小，接着再增大。这是不健康的。我们需要管理所有州的公司……这就是我所说的健康的一部分。"

通用电气的杰克·韦尔奇对此有不同看法。对他来说，健康只意味着三件事：效率，效率，还是效率。这对通用电气来说是有效的。1983年，当他接任最高职位时，公司价值130亿美元；2001年，当他退休时，这个数字迅速增长到了4000亿美元。他抓住一切机会创造了此成就。但是等一下，通用电气的成功仅仅取决于效率吗？不完全是。韦尔奇在美国经济历史上一个独特的时期抓住了机会，当时管制放松、人口结构的变化、技术的进步和政治对通用电气变成赚钱机器的影响并不亚于效率。事实上，通用电气成了一家虚拟银行。

它始于一个巧妙的想法。韦尔奇将通用电气的金融服务部门通用金融（GE Capital）与公司的其他业务联系起来，利用贷款帮助客户购买通用电气的制造产品，并利用利率带来的利润为收购其他业务提供资金。六西格玛巨头从企业那里榨取了资金和时间，推动研发并削减其他领域的成本，而这些领域并没有产生短期收益。1998年《巴伦周刊》(*Barron's*)的一篇文章称该公司为"变装中的对冲基金"。然而，就在21世纪初韦尔奇卸任首席执行官之前一项450亿美元收购霍尼韦尔（Honeywell）的交易失败了，这拖累了该公司的股价。而后"9·11"事件改变了世界。杰夫·伊梅尔特成为通用电气历史上第九任首席执行官，彻底结束了韦尔奇的统治。

第三部分
可持续发展之梦想

韦尔奇创造了一种利润丰厚的金融工程单一文化。痴迷于一个大想法的"单一文化"(monculture)可能运行得很顺利，但在哈克特使用这个术语的意义上，它们并不适合。在你说"坚果"之前，不妨想想价格低廉的杏仁。曾经有一段时间，从亚拉巴马州到俄勒冈州，几乎每个州都生长着杏仁。然而，当人们意识到加利福尼亚州中央谷为杏树果园提供了近乎完美的条件时，世界上超过80%的坚果生产商都转移到了那里。尽管该行业多年来带来了巨额回报，但商业分析人士现在对几个并不乐观的风险感到担忧：野火和干旱、高昂的人工成本及从事重要授粉工作的蜜蜂群体中的流行病。这个脆弱的生态系统只要遭受一次破坏，就可能导致整个行业的崩溃。短期的、效率至上的思维可以为任何文化埋下崩溃的种子。所以我们应该怎么办？很简单：今天有用的东西明天就不一定有用了。事实上，很可能毫无用处。你该如何为这种情况做好准备呢？三种方法：创新，创新，再创新。对于通用电气来说，效率创造了奇迹，但最终却变成了短期的陷阱。随着千禧年的到来，该公司的市值在一天之内蒸发超过了10%。

我们鼓吹创新很容易，但对于整个组织来说，尤其是大公司，要实践我们鼓吹的东西就难多了。这需要时刻保持警惕，以免文化从"我们在这里是这么做事的"跑题到"我们在这里一直是这么做事的"。你必须允许你自己、你的团队和组织里的每一个人跳出当前的"游戏领域"去思考。这样，你不仅可以在游戏变化时做出改变，你还可以成为游戏规则的改变者。

这需要耐心和毅力。想象力会赢得比赛，但有时它会以蜗牛般的速度到达终点。如果你急于取得立竿见影的效果，结果往往不尽如人意。问问数学家丹·洛克莫尔吧。当洛克莫尔还是个小男孩的时候，他和数学物理学家的父亲一起从家里走了一小段路，直到附近新泽西州梅塔钦的主街。他们讨论着苹果派，去往当地的一家速食餐厅角落糖果店（Corner Confectionery）。年轻的洛克莫尔纠结于如何在亲密的朋友之间公平地分配一个派的问题。他的父亲耐心地等待洛克莫尔努力解决这个难题。这时，男孩突然想到：12！为什么？因为你可以用12除以大量5个不同的数字：1、2、3、4或6。这个数字能让他在公平地分享蛋糕时获得最大的灵活性。洛克莫尔当时并不知道，但他发现了数学家所说的"丰数"。

回顾过去，洛克莫尔形容去糖果店的大部分时间里进行的精神活动可谓是"一筹莫展"。但是这种精神活动与身体活动结合在一起，帮助他打开了思维，迎接一切就位的神奇时刻。这难道不是像穆里斯描述的那种闪电般的"顿悟"体验吗？我们不这么认为，洛克莫尔也不知道。他说：

> 无论是在数学领域还是其他领域，伟大想法的起源故事通常都突出了灵光乍现的时刻。你真的不能责怪讲故事的人。"然后她又研究了一阵"这种句子读起来并不那么吸引人。但这项艰巨而平凡的工作却是这个过程的关键部分。没有它，故事就只是一个传

闻。你没有办法跳过焦虑的阶段。你只能不停地工作，工作，工作，然后你抓住了一丝理解。

"啊哈！我找到了！天啊！没错！"你工作，工作，工作，再工作。你绞尽脑汁，然后你继续辛苦地工作，然后，砰！它闪现在了你眼前。这就是富有创造力的数学家得到结果的方式，这也是可持续文化取得成果的方式。

让谨慎常伴你左右

在《快公司》(*Fast Company*)的采访中，安吉拉·布兰查德（Angela Blanchard）描述了她是如何领导得克萨斯州最大的慈善组织贝克里普利（BakerRipley）的：

> 浇灌你想要的，除掉不需要的杂草。关注那些你想在你周围种植的植物，把那些你不想种植的东西剔除掉。任何一个园丁都知道，这不是匆匆两下就能完成的过程，而是一个持续的照料过程。除草要趁早，你要做到快、准、狠。

布兰查德因她在对社区发展方面做出的贡献而享誉世界。她曾发表过一场颇受欢迎的 TED 演讲，其个人资料也出现在了许多重要出版物上。她的领导哲学可以归结为"浇水和除草"。

> **文化破局**
> 解锁组织成功的四股力量

有时你在除草,但有时你就是杂草本身。杰夫·贝索斯(Jeff Bezos)在亚马逊做了很多除草的工作,写了几十篇关于亚马逊商业成功秘诀的文章,十分令人敬佩。杰克·韦尔奇也做了很多除草工作,尽管他可能除去得有点太多了。查斯坦从来不是杂草。穆里斯是一株长成野花的杂草,虽然他最终被拔除,但他获得了诺贝尔奖。阿肯纳顿的太阳神崇拜既是除草者,也是杂草本身。他的继任者推翻了阿肯那顿所做的一切。美国国防部高级研究计划局培育了大量的野花,这使它获得了创新爱好者的美誉。

当你苦苦思索管理你的文化花园的最佳方法时,你会找到很多答案。有些有用,有些却是徒劳。但是,当你带领你的公司渡过难关,走向不确定的未来时,请继续担忧、继续前进、保持警惕。尽管你永远都找不到完美的文化难题解决方案,但我们的书将帮助你接近完美。这就像芝诺悖论(Zeno's paradox):你走到了终点的一半,又走了终点一半的一半,然后一遍又一遍地走一半的一半。你永远不会抵达终点,但你将无限接近终点。

关键要点

- 分离杂草与野花。
- 培育野花,拔除杂草。
- 用心设想。
- 让谨慎常伴你左右。

后 记
首席执行官与梦想家

理查德·布兰森（Richard Branson）是连续创业者、亿万富翁、维珍集团（Virgin Group）首席执行官和大英帝国骑士，热衷于规划宏伟蓝图。他也敦促其他人要有远大的梦想：

> 梦想是人类最伟大的天赋之一。它激勉抱负、激发创新、引领变革，推动我们前进。倘若世界没有梦想，那么就不会存在冒险，也再无登月。当然也就不会出现女性首席执行官，更遑论民权。倘若世界没有梦想，我们的生活将会变成多么行尸走肉般的悲剧啊！我们都应该有远大的梦想，并鼓励他人做梦。

我们当然也支持远大的梦想，并鼓励你追求你的最高理想。布兰森的抱负驱使他建立了一个坐拥400多家公司的帝国。但他并非个人实现的，这是整个团队的努力成果。你可以称它为村庄、部落、团队、公司、集体、社区或国家——无论你使用什么词来描述，实现伟大的梦想总是需要一群人的努力。我们物种的特性决定了集体的成效总是大于个人的努力。历史证明，当我们万众一心，我们便可以解决任何问题，实现我们最伟大的梦想。

世界局势越来越复杂，这是我们在 21 世纪 20 年代初无法想象的。在撰写本书时，这些复杂的情况包括新冠疫情的肆虐、对社会和种族正义的追求及分裂的政治气候。所有的一切都在要求我们众志成城，万众一心。在 2020 年漫长而炎热的夏天，我写下了倾听他人故事的文章，然后在费城和纽约眺望窗外，看到成群的抗议者提醒我们要倾听他们迫切的声音。在我作为顾问和教师的工作中，我参加了无数次线上会议，与商业领袖一同讨论如何建立高绩效的组织。我戴着面具，走过空荡的街道，梦想着地平线上出现新的黎明。在这段时间里，我一直在观察，在聆听，并尝试听取更多的声音。

以自我为中心的太阳神阿肯那顿也在做梦。但是他们梦想的是掌控自己至高无上的权力，梦想着凌驾于其他所有人之上，很少关心整个村庄的利益。他们终将会被自己傲慢、自私的决策所摧毁。这个村庄也许表面一片祥和，但村民们迟早会反抗自私的领导人的暴政。最终，太阳神只留下了一堆尘埃和破碎的梦想。

在我们将目光转向 2020 年的几个月前，美国商业圆桌会议（U.S. Business Roundtable）发布了一份现在看来像是预言性的声明。你可能知道，圆桌会议的成员包括美国大公司的首席执行官，从亚马逊的杰夫·贝佐斯到苹果的蒂姆·库克（Tim Cook），从通用汽车的玛丽·巴拉（Mary Barra）到百思买（Best Buy）的科里·巴里（Corrie Barry）。根据这些行业巨

后 记
首席执行官与梦想家

头的说法:"我们的每个利益攸关方都是不可或缺的。"他们所谈及的是全公司或者说是整个村的成功,这不仅包含高管和股东,还包括它所有的员工、社区成员、供应商和客户。我们对这种包含更多成员在内的范围表示赞赏。现如今,我们更应赞扬它,因为我们现在比以往任何时候都更需要它。"我们在一起"这句话为人熟知,和大多数家喻户晓的名言一样,它蕴含着深刻的道理。

令我们备受鼓舞的是,我们最近看到了许多组织,他们通过考虑整个组织而非仅考虑自身,从而应对当前这个困难时代发出的挑战的例子。在新冠病毒肆虐的最初几个月里,化妆品公司欧莱雅迅速将生产线从护肤霜和美容产品转向到洗手液,并免费将产品提供给医院和杂货店。谷歌给员工分配了额外14周的带薪假期,以便于他们调整好家庭情况并照顾孩子。这些组织和许多其他组织所做的,是人类一贯在面临挑战时刻需要做出的改变——共同梦想一个更美好的未来。

既然我们已经组装完成了文化拼图的所有部分,我们鼓励你花一些时间来设想一下你所在组织的未来。在规划美好蓝图时,你需要重新思考以下四个步骤来创造一个充满活力和适应性的文化:

(1)**设想**。用清晰、简洁的语言描述你想为你的组织创造的文化。使用生动的语言,这样才更加能抓住人们的心和思想。每年,谢家华都会出版一本有关美捷步公司文化的书籍，但他并不是唯一的作者。公司里的任何员工都可以投稿，将自己的故事纳入书中，任何人都可以阅读此书。假设你也将出版一本这样的书，你的书中会有什么内容？谁可以与你共同撰写这本书？

（2）**倾听**。放慢脚步，关注你的员工所讲述的故事，他们需要与他人建立共同的纽带，做有意义的工作，感受到被重视和尊重。寻找他们的需求和你的团队或组织所能提供的之间的差距。艾琳·费雪和她的员工围成一圈，传递一个镀金的葫芦，然后倾听。一位在圈子里分享了自己内心想法的女士说："我感觉轻松多了。"当你倾听的时候，你知晓了什么？你将如何调整你所发现的言行之间的差距？

（3）**反馈**。促进与组织中的个人和每个人进行反思对话，让文化与人们的真实需求保持一致。不拘于眼前，从其他公司乃至你的竞争对手那里寻找学习的机会。夏普医疗保健公司首席执行官迈克尔·墨菲在数千名员工面前走上讲台，他说他想创建"宇宙中最好的医疗保健系统"。凯西·罗丁（Kathy Rodean）是一名护士，她是听众中的一员，她回忆道："人们热泪盈眶、相拥而泣、互相击掌。就连那些反对此事的人也热泪满眶。"你需要怎样的说辞才能让你的员工为你欢呼？什么才会吸引他们的心并抓住他们的

后 记
首席执行官与梦想家

思想?

（4）**实验**。组织和启动小型项目，旨在缩小人们的需求和组织文化之间的差距。你可以随心所欲地收集到那些疯狂的想法。利用这个实验室建立组织间的联系。跳出组织结构图上的条条框框。仔细评估什么有用，什么无用。川久保玲经常通过分享一个零碎的想法来启动创意过程，比如"从里到外的枕套"。接着，她的工作人员开始工作，力求"打破字面意思"。你将如何鼓励你的员工进行修补和创新？怎样才能激励他们勇攀高峰？

我们已经讨论了许多文化建设者需要像园丁一样思考的问题。园丁都是梦想家，他们能够预见未来的大丰收，并且知道要实现这一目标需要耐心、谦逊并保持警惕。

现在请大家耐心浏览我们下一页的最终插图。这幅图总结了创造强大且可持续的文化的所有条件。停顿几分钟，仔细查看这张图表。思考你能够做的事，将伟大的文化梦想转变为触手可及的现实。慢慢来……

我们的故事到此结束。现在该由你书写属于你的故事了。

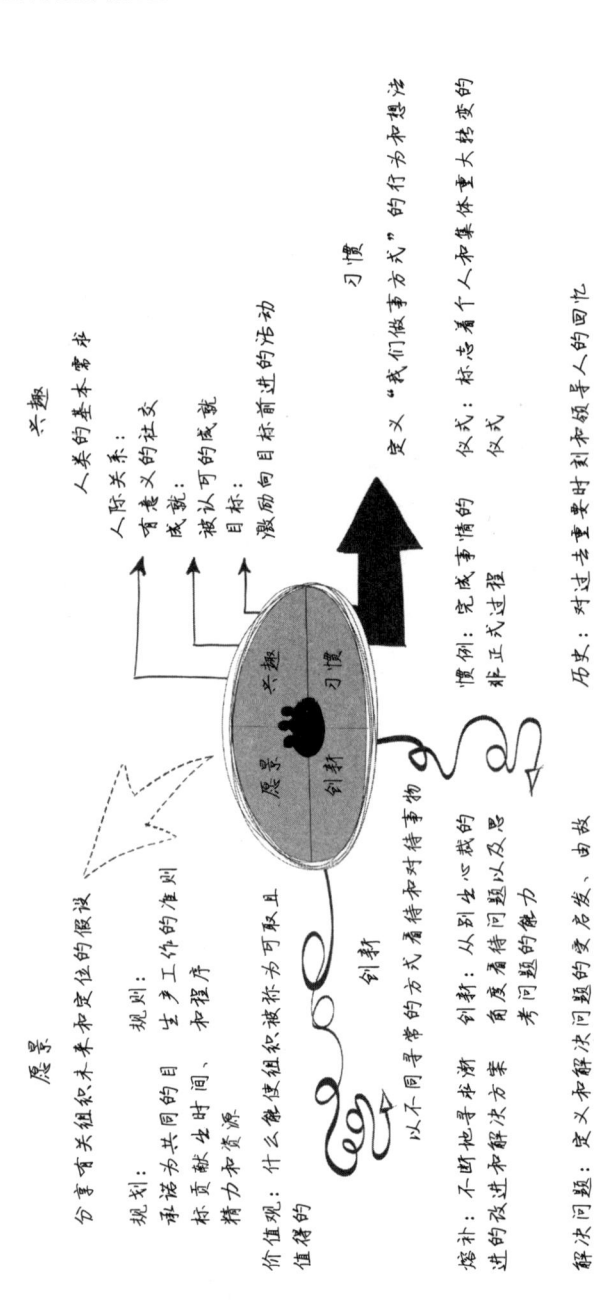

文化破局
解锁组织成功的四股力量

愿景
分享有关组织未来和定位的愿景

规划：
承诺书共同的目 生产工作的准则
标贡献出时间、和程序
精力和资源

价值观：什么能使组织和被你认可和且
值得的

乐趣
人类的基本需求

人际关系：
寻求意义的社交
成就：
被认可的成就
目标：
激励向目标前进的活动

习惯
定义"我们做事方式"的行为和规范

仪式：标志着个人和集体重大转变的
仪式

惯例：完成事情的
非正式过程

历史：对过去重要时刻和领导人的回忆

创新
以不同寻常的方式看待和对待事物

修补：不断地寻本浙 创新：从到出心栽的
进的改进和解决方案 角度看待问题以及思
考问题的能力

解决问题：定义和解决问题的受启发、由故
事驱动的过程

附　录
文化评估器

每个组织都包含多个小群体：团队、部门、单位、工作伙伴、大学中的老朋友、任务小组等。传统的组织结构图只讲述了一小部分。一旦人们聚集在一起形成一个群体，文化就会变得活跃，并且不断发展、进化，这个过程常常会在群体内部和群体之间产生百害而无一利的冲突。我们设计了文化评估器来帮助你评估任一文化的健康状况，从小群体的文化到更大的"想象社区"所共享的文化都适用。

评估器会告诉你文化需要注意的方面。它还会提醒你注意许多实用的要点，这些可以帮助你理解并改变一种文化。首先，你需要回答以下问题，以 1~10 的分数对四种力量进行评估。10 分意味着你需要做很少的调整（如果存在问题的话），而 1 分则表示你迫切需要进行我们在第一章中介绍的四部分流程。

（1）**设想**。企业文化是否包含清晰明了且引人注目的愿景？

（2）**倾听**。领导者是否会邀请并仔细倾听人们讲述他们的基本利益：关系、成就及目标？

（3）**反馈**。领导者是否与组织中的每个人进行建设性的对话，以达到理想的文化与人们的需求保持一致，从而培养新的习惯？

（4）**实验**。我们是否一直在组织和启动创新的小规模项目，来充分利用创新的可控混乱？

1. **愿景**

人们是否理解一套清晰的价值观？他们是否为此付诸行动？他们能说出一个具体可信、激励人心的计划，照亮通向成功未来的道路吗？

愿景评分：_____（1~10分）

2. **兴趣**

群体里的人是否完全融入彼此，并且相处融洽？他们觉得自己的工作得到了应有的认可吗？人们是否完成了令人印象深刻的目标，并体会到达成目标的自豪感？

兴趣评分：_____（1~10分）

3. **习惯**

人们是否养成了能够促进成功的个人习惯并且共同遵循着组织的例行程序？群体是否举行仪式来加深积极的习惯和惯例？是否友好地尊重了部落的历史，以及塑造当前行为和政策的方式？

习惯评分：_____（1~10分）

组织总体的健康。公司是否设定了宏大但可实现的目标？企业文化是否始终得到预期的结果？它的表现是否超出预期？

总分（四个评分的总和）：_____（1~20= 低；30~40 = 高）

分数意味着什么?

对于每种力量,评分较低(1~4)则视为应该更多地号召员工,得分在5~7分意味着你应该密切关注情况,得分在8~10分,你可以庆祝你在这方面的成功,但不要自满。整个文化有时会按照无效或危险的方式持续成长并进化。不时地评估一下,看看你是否需要做出调整。

当你决定采取措施改善企业文化的某一方面时,请查阅本书的相关章节:

(1)**愿景**。第四章　展望未来:书写团队篇章。

(2)**兴趣**。第五章　聚焦成员:满足兴趣　开启行动。

(3)**习惯**。第六章　习惯之力:重塑规则。

(4)**创新**。第七章　火花四射:培养创新灵感。

(5)**组织总体的健康**。第八章　谨慎的园丁:拔除杂草并培育野花。

致　谢

几年前，坐在宾夕法尼亚大学考古与人类学博物馆的格雷格的办公室里，我们三个人第一次讨论文化流动和变化的独特方式。随着时间的推移，我们在世界各地与客户进行了多次咨询，在宾夕法尼亚大学等地教授了几门关于组织文化的本科和研究生课程，并就这个问题发表了无数次演讲。现在，我们已经将这些拼图拼凑成了这本书，我们非常高兴地感谢在这一过程中我们从许多人那里得到的巨大支持。

首先，我们要感谢我们的文学经纪人，迈克尔·斯内尔（Michael Snell）。迈克尔指导我们完成了整个过程的每一步：藏于突发灵感写书之后的想法，起草、编辑提案及完成手稿，还有为出版商成功发布最终产品的每一个细节。迈克是我们写作团队的正式成员。

我们还要感谢贝雷特·克勒公司的尼尔·梅莱特（Neal Maillet）。尼尔帮助我们厘清思维，使我们开始将我们的想法发展成书面的八章，并在这个花园中添加所有的辅助材料。

特别感谢肯德拉·艾伦比（Kendra Allenby），她的漫画和插图为文化之谜提供了独特的视觉视角。肯德拉拥有用图像和文字思考的非凡能力。在写作过程中，她给予了我们宝贵的意见。

最后，如果没有家人的鼓励和理解，我们不可能写出这本书。马里奥的妻子罗宾·科米塔（Robin Komita）在整个过程中都扮演着耐心而不知疲倦的伙伴。她能挖掘一个好故事，在每个阶段都能提供很多帮助和见解。由于新冠疫情的肆虐，我们大部分时间都待在家里写作，但他们的三个20多岁的孩子——迈尔斯（Miles）、艾拉（Ella）和比克斯（Bix），创造了意想不到的契机，让他们在辛苦工作的笔记本电脑前得以小憩。

德里克的妻子卡罗琳（Carolyn）非常鼓舞人心，她和其他医护人员在疫情最严重的时候勇敢地守在了纽约市医院的第一线。在半封闭期间，当病毒在社区肆虐，要求正义的呼声在街头回响时，他们每晚的对话让德里克认识到了建设强大、包容的社区的重要性。他的小女儿迪伦（Dylan）给他带来了他所急需的轻松和乐观，他想象着自己在纽约和其他地方的社区将有更美好的未来。

格雷格感谢他在宾夕法尼亚博物馆的同事，埃及古物学家大卫·P. 西尔弗曼（David P. Silverman），约瑟夫·W. 韦格纳（Josef W. Wegner）和詹妮弗·豪瑟·韦格纳（Jennifer Houser Wegner），他们设计并举办了一个聚焦于阿肯那顿非凡故事的展览。格雷格的女儿杰西卡·N. K. 厄本（Jessica N. K. Urban）是一位充满抱负的考古学家和文化理论家，她一直是一个关键的对话者，帮助我们发现灵感，完善概念，并分析数据。当一段文字意思表达得不准确时,她会不假思索地做出提醒。崔茜卡·肯特(Tricia Kent)是陪伴格雷格几十年的伴侣,也是杰西卡的母亲,她致力于心理健康的综合疗法,并激发了他发现并类比文化与社会生活。最后,如果没有他的姐姐、前女商人詹妮弗·贝克(Jennifer Baker)的督促和劝诱,格雷格可能永远不会把他的注意力从南美洲的原住民社区转移到企业界的团队。